DİRİLİŞE 5 KALA

FETTAH TANDOĞAN
MUHAMMED YASİR YAMAN

Genel Koordinatör: Serkan EKMEN

Karikatür Tasarım: D5K

Kapak Tasarımı: D5K

Editör: Hamit YOLCU

1.Baskı: İSTANBUL, MART 2014

ISBN: 978-605-64675-0-9

Baskı ve Cilt
YILTEM REKLAM VE BASIM HİZ.LTD.ŞTİ
(Mahmutbey Mh. Deve Kaldırım Cd. Gelincik Sk. No:6/2
Bağcılar-İSTANBUL)

DİRİLİŞE

5

KALA

FETTAH TANDOĞAN
MUHAMMED YASİR YAMAN

"BİR NESİL UYANIYOR..."

Bu kitabın hazırlanmasında, bizlere her türlü manevi desteğini esirgemeyen,başta ailelerimize ve değerli hocalarımıza;

* Sn. Mustafa YILMAZ

* Sn. Kenan GÜLTÜRK

* Sn. Aziz ERDOĞAN

* Sn. Şinasi KILINÇ

* Sn. Serkan EKMEN

* Sn. Hamit YOLCU

* Sn. Kemal HÜRCAN

* Sn. Muhsin METİN

* Sn. Sercan SAYILI

* Sn. Hacı Eyüp GÜLTEK

*Sn. Mehmet TÜRKOĞLU

* Sn. Abdullah YANIK

*Sn. Mükremin KÖSE

* Sn. Cihat TERZİOĞLU

* Sn. Beytullah BIYIK

* Sn. İbrahim Soydan ERDEN'e

Sonsuz Teşekkür Ederiz...

ÖNSÖZ NİYETİNE...

"Bir Çanakkale Savaşı daha olsa bu gençlerle mi kazanacağız?" diyordu, gelen yaşlı hanıma yer vermeyen gence doğru. Ve otobüsten onay cümleleri, uğultu halinde...

Herkes şikâyetçi gençlerin halinden, davranışından. Köşe başı gençliği, emolar, apaçiler, sosyal medyanın asosyal gençleri hep göz önünde. Kötünün reklamı daha hızlı yayılıyor.

Eski zaman... Köyün birinden iki kişi geliyor İstanbul'a. Bir süre sonra birisi dönüyor. Köy kahvesinde sorular:

- İstanbul nasıldı? İstanbul'u anlat.
- Ne anlatayım diyor İstanbul'u. Berbat bir şehir. Alkol su gibi tüketiliyor. Herkes içki içiyor. Erkekler, kadınlar birbirlerinden ahlaksız...

Bir süre sonra diğeri dönüyor köyüne. Köy kahvesinde aynı sorular... Cevap:

- İstanbul muhteşem bir şehir. Evliyalar, sahabeler şehri. İnsan her camide namaz kılmak için çırpınıyor. Bir yanda Sultanahmet, bir yanda Eyüp, bir yanda Fatih... İnsanlar mutluluk ve muhabbet içerisinde.

Köylüler şaşkın. Köyün bilge ihtiyarına danışıyorlar:

- Efendim neden aynı İstanbul'a ayrı yorumlar?
- "Evlatlarım!" diyor. "Testide ne varsa dışarıya o sızar. Nerelerde kimlerle gezerseniz onları görürsünüz. Dünyayı onlardan ibaret sanırsınız."

Muhammed Yasir'i, Fettah'ı ve onlar gibi gençleri tanımaya başlayınca ülkem adına, ümmet adına ümidim arttı. Ümmetin kurtuluşu için gençlerin kurtuluşu şart. Gençlerin kurtuluşu için atılacak her adım, kurulacak her dernek, yazılacak her kitap elzem.

Yapacak çok işimiz var. Bir yerden başlamak lazım.

Bu kitap hayırlı işlerimize başlamak için bir adım olsun. DİRİLİŞE 5 KALA çıktığımız bu yolda, Allah dosdoğru yolundan ayırmasın…

Selam ile…

Serkan EKMEN
Kişisel Gelişim Uzmanı

Kıymetli okuyucumuz;

Yazdığımız kitapta ufkunuzu genişletmeyi, imkânsız cümlesini hayatınızdan çıkartmayı amaçladık. İlk kitabımız olması nedeniyle, aynı zamanda sizlerle tanışmayı hedefledik. Amaç ve gayemiz, siz kıymetli okurlarımızı, az da olsa bilgilendirmek, düşündürmek ve sorgulayıp araştırmaya teşvik etmektir.

Malûmunuz milenyum çağının birçok avantajı olduğu kadar, dezavantajı da vardır. Bu yüzden birçok meselenin zarar ve yararlarını gözlem ve deneyimlerimiz sonucunda sizlere sunmak istedik.

İnanın yazdıklarımız, yazacaklarımızın teminatıdır. Ciltlere sığdıramayacağımız düzeyde fikir ve düşüncelerimiz var.

Temennimiz odur ki, hem bilgi verip hem sizleri sıkmamak bu nedenle sizlere samimi bir dille yaklaşmak istedik.

İlk kitabımıza sığdıramasak ta bundan sonraki kitaplarımızda, görünmeyen ve gösterilmeyen birçok faktöre değinip, siz kıymetli okuyucularımızla paylaşacağız.

Dirilişe 5 kala diyerek başlattığımız serüvenin aslı, bir nesli uyandırmaktır. Bilinmeyen gerçekleri ortaya çıkarıp paylaşmak ve üzerlerinden prim yapılan gençleri bilinçlendirmektir.

Bu kitabımız bir başlangıçtır. Sizlerden ricamız odur ki, ilk kitabımızda bizlere eşlik ederek, konuları iyi okuyup anlamanız ve takibinde olmanızdır. Kitap bitiminde, kitaba bağlı kalmayıp bize ulaşmanız ve kafanıza takılan soruları bize ulaştırmanızı sizlerden rica ediyoruz...

İÇİNDEKİLER

FETTAH TANDOĞAN

Fettah Tandoğan, 1993'te Özbekistan Buhara'da doğmuştur. 1997'de ailecek Türkiye'ye yerleşmişlerdir. 17 ağustos depreminden dolayı okulları yıkılmış ve o zamanki hükümetin umursamazlığından dolayı okulları 2 yıl geç yapılmıştır. Bu nedenle eğitime 2 sene geç başlamak zorunda kalmıştır. İlkokul hayatı pek parlak olmayan Fettah, matematik ve resim derslerine ilgi göstermiş ve o derslere ağırlık vermiştir.

6.sınıftan itibaren bu resim çizimlerini, icatları üzerine yoğunlaştırmıştır. Fettah, makine parçaları, elektrik üreten materyaller, geleceğe dair icat ve buluşlar tasarlamaya gayret gösteriyordu. Yaptığı ufak çaplı tasarımlarını ders hocalarına sunup TÜBİTAK'a gönderiyordu.

8 yılı bitirdikten sonra okula 1 yıl ara vermek isteyen Fettah, çalışıp hayatın zorluğunu görmek istemiştir. Bir yıl içerisinde onlarca sektörde çalışıp, işçilikten sıkılan Fettah, tek bir kuruma bağlı kalmak ve o kurumun daimi çalışanı olmak istemiyordu. Bu nedenle kendi dükkânını kurarak işinin patronu oldu. Ticaretten her ne kadar kolay gelir elde etse de, öğrencilikte ki gibi rahat değildi.Ve gerektiği kadar yorulmuş, okulu ve öğrencilik hayatını özlemişti. Hayali ve düşüncesi insanlara yararlı buluşlar icat etmek olan Fettah, makine mühendisi olmaya karar vermişti, bu yüzden Endüstriyel meslek lisesinde eğitime başlamıştı.

İlk yılında başarılı olan Fettah, bu başarısının sırrını 1 yıl ticaret hayatında gördüğü zorluklara borçluydu.

Aynı zaman da siyasete, tarihe ve edebiyat'a ilgisi olan Fettah, sürekli 1745 sonrasını ve gelişen ideolojileri araştırıyordu. 2010 yılında girdiği sivil toplum platformunda, çabuk kabul görülmüş ve platform içerisinde aktif rol almıştır. Bulunduğu ortam içerisinde gençlerin söz sahibi olması için çalışmalarda bulundu. Fettah'a göre gençlerin, geleceğe bu günden hazırlanması gerekiyordu.

Çeşitli dernekler içerisinde birçok kez başkanlık yapmıştır. Diğer taraftan ilerde kitap yazmak için insanlık ve gençlik üzerine yazılar, şiirler, makaleler yazıp biriktiriyordu. Dersleri iyi olan Fettah, hayalini kurduğu Makine Ressamlık alanını kazanmıştır. İlkokul'daki doğa manzaralı çizimlerini artık makinelerle birleştiriyor, çizimlerine ölçü verip, onları işe yarar parçalar halinde tasarlıyordu. Lise öncesi gördüğü zorlukları hatırlayarak, derslerine sımsıkı sarılmıştır. Şuan ise bulunduğu lisenin son sınıfında eğitimine devam etmektedir.

Yazmayı ve insanlara doğru, tarafsız bilgiyi aktarmayı seven Fettah, birçok haber ve kültür sitesinde köşe yazarlığı yapmasının yanında, sosyal medyada(Dünya gerçekleri, Nizamı cedid, Osmanlı padişahlarının sözleri, Yakın yüzyıl) gibi sayfalarda yöneticilikte bulunmakta, bilgilendirici paylaşımlar yapmaktadır. Aynı zamanda sivil toplum kuruluşlarının yanı sıra bireysel etkinlikler ve organizasyonlarda düzenlemektedir.

Fettah şu sıralar, Darûl Hicret derneğinde başkanlık yapmaktadır. Aynı zamanda Zeytinburnu gençlik meclisinin yönetiminde yer alarak, ilçede bulunan gençler için projeler geliştirmektedir. Milli ve manevi değerlerine bağlı, imkânsız hayatından çıkarmış gençler yetiştirmek üzere çalışmalarına devam eden Fettah TANDOĞAN, 2013 yılından itibaren, çok farklı bir çalışmaya imza attı. Yoldaşı Muhammed Yasir ile konferanslar vermeye başlayan Fettah, günümüz gençliğini uyandırmak üzere bir farkındalık oluşturmaya gayret göstermektedir.

MUHAMMED YASİR YAMAN

<u>Muhammed Yasir Yaman</u>, 1994'de İstanbul'da doğmuştur.

Yazar ve siyasetçi bir aileden gelen Muhammed Yasir, İstanbul Üniversitesi Tarih bölümünde eğitimine devam etmektedir. Çeşitli internet sitelerinde yazar ve editör olarak görev yaptı. Editörlük hayatı boyunca, birçoğu teknik makale olan eserleri, dilimize çevirdi.

Edebiyatla yakinen ilgilenen Muhammed Yasir, bu güne kadar birçok şiir yazmış ve seslendirme de bulunmuştur. Yasir, gördüğü sorunlara çözümler üreten, insanların dertleriyle dertlenen bir yapıya sahiptir. Bu yüzden, daima hizmet etmek için ön plana çıkmıştır.

Projelerini gerçekleştirmek ve gençlerin sorunlarını gidermek adına, bağcılar ilçe öğrenci meclis başkanlığına aday olmuştur. Burada yapılan seçim neticesinde, "Bağcılar İlçe Öğrenci Meclis Başkanı" olarak göreve seçilmiştir. (2011) Buradaki görevini sürdürürken, Türkiye öğrenci meclisi seçimleri ve çalışmaları için Ankara ya gitti.

9.Dönem Türkiye Öğrenci Meclisi oluşumunda AR-GE
ve Proje biriminde görev aldı. (2012)

Gençlik ve Spor Bakanlığı'nda kamp lideri olarak
görevini sürdürmektedir. (2014)

Muhammed Yasir, Bağcılar Gençlik Meclisinde Başkan
Vekili olarak ta faaliyetlerde bulunmaktadır. (2014)

İstanbul Üniversitesi Tarih bölümü öğrenci temsilciliği
görevinde bulunmuştur. (2014)

Çeşitli sivil toplum kuruluşlarının yanı sıra bireysel
etkinlikler ve organizasyonlarda düzenlemektedir.

Milli ve manevi değerlerine bağlı, imkânsızı hayatından
çıkarmış gençler yetiştirmek üzere çalışmalarına devam
eden Muhammed Yasir, 2013 yılından itibaren, çok farklı
bir çalışmaya imza attı. Yoldaşı Fettah Tandoğan ile
konferanslar vermeye başlayan Yasir, günümüz gençliği
uyandırmak üzere bir farkındalık oluşturmaya gayret
göstermektedir.

DÜNYAYA "NEDEN" GÖNDERİLDİK ?

Bir kişisel gelişim kitabının olmazsa olmazlarından bir tanesi
de bu cümledir. Varlığın zeminine inmeden, varlığa tepeden
kuş bakışı bakmamıza olanak sağlar. Bütünü görüp, ayrıntıları
merak etmemizi ve sonunda bizi araştırma yapmaya sevk eder.
Kısacası bu soru bizim reçetemiz gibidir. Bir sıkıntımız var,
bir sorunumuz var. Çözüme yönelmeden önce, bizim sorunu
iyi anlamamız gerekiyor.

Günümüzde, doktora gittiğimizde bir ağrımız, bir hastalığımız
var ise, doktor direkt olarak ilaç yazmaz. Önce muayene
aşaması vardır. Fiziksel muayene aşamasından sonra, gerekli
gördüğü takdirde sizden "Emar, tomografi, ultrason, kan
tahlili" isteyebilir. Genelde doktor hastalığınızı kısmen
çözmüştür. Fakat **"tıpta hata, hastayı ölüme götürür"**
düşüncesiyle işini sağlama alan doktor, tahliller neticesinde
sıkıntınıza ve hastalığınıza bir reçete yazar.

Siz bu reçeteyi eczaneye götürürsünüz. Eczacı burada "ilaçları
tok karna mı, aç karna mı kullanacağınızı sizlere söyler" bu

noktadan sonra ilacı kullanmak size kalmıştır.
Peki, şimdi söyleyin bakalım, bedeniniz de mi bir sıkıntı var ?
yoksa ruhunuz da mı?

Eğer herhangi bir ağrı, hatta hiç sorun yok iken, üzüntülü,
kederli, umutsuz iseniz, ruhunuzda derin bir boşluk olduğu
fikrine varabilirim. Bu güne kadar okuduğunuz tüm kişisel
gelişim kitaplarında; Şunu yaparsan böyle olur, Bunu yaparsan
böyle olur, tarzında yaklaşımlar mevcuttu.

 Bu yaklaşımlar tavsiye vereyim derken göz çıkartan
yaklaşımlardır. İnsan beyni, çocukluğundan bu yana **"Nasihat
Kumbarası"** haline gelmiştir. Her gelen bu kumbaraya bir
nasihat, bir tavsiye atarak, gönül zenginliğini gösterme gayreti
içerisine girmiştir.

Ancak insan beyni **"Üsluba Göre Kayıt Özelliği"**ne sahip
olduğu için, yapmacık ve samimi olmayan bütün tavsiyeler ve
nasihatler kayda düşülmeden silinip gitmiştir. Ve ne
enteresandır "Yüz binlerce nasihat ve öğüt'e rağmen" yine
hatalar yapıyoruz. Çoğunlukla bilerek, bazen de bilmeyerek...

Yaptığımız bu hatalardan biri de, bir hayat amacımızın
olmamasıdır.

Arkadaşlarıma genelde sorarım **"Bir hayat amacınız var mı?
"** diye. Ve birçoğu, o anda bir şeyler uydurup durumu
kurtarmaya çalışır. Sonra yok efendim; ben başaramıyorum,
her şey imkânsız, hayat zor... Dur bakalım, sen önce kendine
bir yol çizdin mi? En azından önündeki 10 yılı planladın mı?

Ben şurayı kazanacağım, şu mesleği icra edeceğim, dedin mi?
Demediysen, boşu boşuna mızmızlanmanın bir âlemi yok.

**Hayat amacını bilmeyen adam, kendine hedef belirlemeyen
adam, daha başlamadan "Kaybetmeyi peşinen kabul
etmiş sayılır"**

Peki **Nedir bu hayat amacı?** Yenilir mi? **Kıymetliyse satılır mı?** Ya da vitrine koyup hava atılır mı?

Öncelikle **"Hayatın Gerçeklerini Görmeliyiz"**. Elhamdülillah büyük çoğunluğumuz Müslüman'ız. Hayat amacımızla ilgili kafamızda soru işaretleri var ise, kendimizi biraz sorgulamamız gerektiğini düşünüyorum.

Yüce kitabımız Kur'an-ı Kerimde, Zâriyât suresi 56.ayette Rabbimiz, bizim dünyaya geliş amacımızı şöyle açıklıyor...

Bismillahirrahmanirrahim

*"Vemâ halaktu-l cinne vel-inse illâ liya'budûn (*Ben, cinleri ve insanları, ancak bana kulluk etsinler diye yarattım.)**

DÜNYA TARLASININ "ÇİFTÇİLERİYİZ"

Herkes tarafından bilinen bir başka büyük gerçek, bu dünyanın gelip geçici bir yer olarak yaratıldığı ve hiç kimsenin burada ebediyen kalmayacağıdır. Buna rağmen İnsanlar, dünyanın gelip geçiciliğine göre davranmaz ve sanki dünyanın hâkimi olacaklarmış da, hiç ölmeyeceklermiş gibi bu dünyaya yerleşirler...

Ancak bu yerleşme uzun sürmeyecektir. İnsan doğduğu an da başlayan, bir geri sayımın içine girmiştir. Her dakika yaklaşan büyük sona doğru ilerlemektedir. Bazen ansızın "Sayaç Durur" bütün plan ve programlar yarım kalır, biriktirdiği malı-mülkü miras olarak başkalarına kalır.

Bu da gösteriyor ki, insanoğlu hep başkaları yani mirasçıları için çalışıp çabalamakta, kendisi için işe yarar ciddi bir şey yapamadan bu dünyadan göçüp gitmektedir. O halde ne yapmak gerekiyor? Dünya mademki ölümlüdür ve geçicidir, o halde yapılacak tek şey, aklı başında olan her insanın, kendisini yaratan "Allah'ın emirleri ve istekleri doğrultusunda davranıp, işlerini ona göre düzene koymasıdır. Plansız bir insan, harabeye benzer.

Planlarımızı bir kaç gün, bir kaç yıl sonrasına değil, Asırlar ötesine göre yapmamız gerekir. Bizden sonraki nesilleri kucaklayacak bir mantıkla bu planları ortaya koymamız yegâne amacımız olmalıdır.

Önceleri ifade edilen ve tamamı "üç-beş günlük" gibi, kısa olan dünya hayatımızı ve bize verilen ömrü, israf etmeden kullanmamız gerekir. Bu da yüce kitabımız Kuran-ı Kerim'de ve sevgili Peygamberimizin mübarek hayatında, bize misaller ile gösterilmiştir.

Nasıl hiç beklemeden, bu dünyaya geldiysek, yine aniden bu dünyadan göçüp gideceğiz. Bizden istenildiği halde yapmadıklarımız için, kabrin öbür tarafından hesaba çekileceğiz. Belki de, bu hesaplarda büyük pişmanlıklar duyacağız. O halde gelin, henüz zamanımız varken, bize düşen görevleri yapmaya ve Allah'ın istediği gibi yaşamaya çalışalım.

Sorgumuzu ahiret'e bırakmadan, bu dünyada yapalım.

İMKÂNSIZ DİYE BİR ŞEY VAR MI?

<u>(Değerli okurum, Lütfen ayağa kalkıp, sesli bir şekilde söylediklerimi tekrar eder misiniz?</u>

***Kim ne derse desin,**
*Hayatımda ne sorun çıkarsa çıksın,
***Bütün imkânsızlıkları başaracağıma**
*Mazeret uydurmayacağıma dair, söz veriyorum.

Biliyorum. Hiçbiriniz yapamadınız. Yapanlar olduysa, o bir avuç "imkânsızı başaran" insana teşekkür ediyorum. Şimdi bir düşünelim, acaba neden yapamadınız? Etrafınızdaki insanlardan çekindiniz. "Elâlem" ne der diye tereddüt ettiniz. Ya da ortam müsait değil, şimdi burada olmaz" dediniz. Aslında biz, başkaları için yaşayan bir toplumuz. Bu söylemleriniz; aynı zamanda toplumsal genellemelerimiz haline geldi.

Burada 2 faktör var;
1.Faktör: Elâlem ne der?
2.Faktör: Kendimizi ifade edemiyoruz!

1.FAKTÖR:
"Elâlemcilik Akımı nedir? (Elâlem ne der ?)

"-Aman evladım şunu yapma, -Aman okulunu bitir diplomanı al, -Bak, elâlem ne der sonra..."

Çoğu kez, sanki biz yokmuşuz da, hep elâlem varmış gibi düşünüyorum. Neden biz elâlemin, hoşnutluğuna binaen, şekilden şekle girmeye çalışıyoruz?

***Kim bu elâlem?** *Neden bize hükmediyor? ***Neden kararlarımızda büyük rol oynuyor?** *Kaç yaşında? Nereli? Eğitim durumu ne?

Bu soruları soruyorum... Ancak ya elâlem bir şey derse? Demekten de, kendimi alıkoyamıyorum...

Çünkü bu güne kadar hep elâlem için yaşamışız. Oysa bu "Elâlemcilik Akımı" Dünyada Psikologa ihtiyaç duymayan bir millet olmamız nedeniyle, ortaya çıkan bir akımdır...

Aramızda; bu işi para almadan yapan, bu işin eğitimini almamış, **"sahte psikologlar-dert dinleyiciler" var.** Kısmen, dert dinleme ve tavsiye vermede başarılı oluyorlar. Ancak bireylerin çocukluğuna inemedikleri için, uyguladıkları tedaviler hep eksik kalıyor.

Çok enteresandır, her toplumsal sınıf ve statüde var olan bu **"Dert dinleyiciler"** bazen komşumuz, bazen arkadaşımız, bazen kan kardeşimiz, bazen de ağladığımızda sığındığımız can yoldaşlarımız olabiliyor. En zayıf anımızda, haberimiz olmadan, bütün sırlarımızı yüz yıllardan beri var olan **"Mahalli Dedikodu Ağına"** kaydettiriyoruz.

Toplumsal ilişkilerimiz, arkadaş sohbetlerimiz, dertlerimizi ve sevinçlerimizi paylaştığımız **"Sanal olmayan ortamlarda"** kendimizle ilgili, çevreye istihbaratlar dağıtıyoruz.

Son günlerde sosyal medyada paylaştığımız cümleler bile **"Aile"** kurumunda disiplin ya da kınama cezası almamıza neden olabiliyor.

Netice itibariyle;
 "Bak komşunun çocuğuna, en yüksek puanları almış, en iyi üniversitelerde okuyor, sen ne olacaksın? Çalışın Oğlum, Çalışın Kızım Rezil etmeyin bizi Elâleme"

2.FAKTÖR **"Kendimizi İfade Edemiyoruz"**

Millet olarak, "Ölümden sonra ki en büyük korkumuz" Topluluk önünde konuşma yapmaktır" Açık ve net söylüyorum, burada zor bir durum söz konusu değil. Sadece geçmişte yaşadığımız, başarısız konuşma girişimleri yüzünden, "tekrar denemeye" korkuyoruz aslında.

12 yıllık eğitim hayatımda, sözlüden sözlüye çıktığım kara tahtada, birçok anım oldu. Genelde her çıktığımda **"zayıf not"** alma korkusu yüzünden, tek kelime konuşamıyor, adeta dilim tutuluyordu. Birde biz, bu hayatta itiraz edilemeyeceğini öğrendik.

İlkokulda sınav sonuçları açıklandıktan sonra, öğretmenimizin yanına gidip, "hocam kâğıdı mı görebilir miyim ?" sorumuza karşılık, "Tabi görebilirsin, ancak fazla puan verdiysem geri alırım" cevabıyla büyüdük. İşte biz o günden sonra "İtiraz" etmeyi de bıraktık. Hal böyle iken, o yıllar da çok saçma bir sonuca varmıştım. <u>"Topluluk önünde konuşmak, başarısızlıktır."</u> Bu çok basit bir tezdir. Dakikasında çürütülebilir bir tez. Ancak gel de bunu, ilkokul talebesi çocuklara, ya da lise çağındaki, hoyrat gençlere anlat.

Özgüven kaportamız, geçmişten günümüze dek, ağır darbeler almıştır. Misafirliğe gitmeden önce, Annemizin tembihlediği şekilde *" Sakın, saçma saçma konuşup ta, bizi insanlara rezil etme". "Eve dönünce, gebertirim seni"* şeklindeki söylemler, daha misafirliğe gitmeden bizi muma çeviriyordu. Misafirliğe gittiğimizde ise " kocaman olmuşsun, kaça gidiyorsun" sorusuna sıkıyorsa cevap verin! Veremezdik. Çünkü bizim görevimiz, çevreye gülücükler saçmaktı. Bizim yerimize tüm cevapları, ailemiz veriyordu.

Ben ne zaman yeni bir şey yapsam, Annem hemen azarlıyor **"Oğlum başımıza icat çıkartma"** diyordu. Bu yüzden, millet olarak ne kendimizi ifade edebildik, nede asırlar geçmesine rağmen, dünyayı değiştirecek, bir icat ya da buluş geliştirebildik.

Değerli okurlarım, bunu değiştirmek bizim elimizde. Bu kitabı bitirdikten sonra sizlere tavsiyem, gidin soğuk suyla yüzünüzü yıkayın. Daha sonra üzerinizdeki monotonluktan kurtulun. Ve kendinize şu soruyu sorun; **"Başarmak için beni ne engelliyor? " Uyanış ne zaman başlayacak?**

Şahit olduğum bir kavga esnasında, adamın birini 4-5 kişi tutuyor. Adam sürekli ***"Tutmayın beni, tutmayın bırakın, o adamı döveceğim"*** tarzında söylemlerde bulunuyordu. Orada bulunan yaşlı bir amca bağırarak; ***'Tutmayın bırakın! Bakalım ne yapacak! '*** demez mi?   Adamı bıraktılar, fakat adam korkudan orayı terk etti. **Peki, sizin mazeretiniz nedir?** Mazeretler İmkânsızları doğurur iken, sizin o saçma, ya da kendinizce mantıklı mazerctiniz nedir?

Sizi hayatın bir köşesine hapseden, bir köşeye sinmenize neden olan mazeretiniz nedir? Zaman bir merminin hızıyla ilerliyor, kaybedecek bir dakikamız bile yok iken, bu dünyayı mesken tutmayı kabul mü ediyorsunuz? Yoksa ebedi hayata yatırım yapmak için yerinden doğrulup " Ben Başaracağım, ALLAH'IN İZNİYLE İMKÂNSIZLARI BAŞARACAĞIM" mı diyorsunuz? Umuyorum son seçenektir. Zaten bu kitabı okuyorsanız, son seçeneği baştan kabul etmiş sayılırsınız...

İLETİŞİM VE İMKAN İLİŞKİSİ

Çocukluğumda hatırladığım bir an, beni mücadele etmeye, fikirler oluşturmaya sevk etmişti... "Annem, her yaramazlığımdan sonra derdi **"Başımıza İcat çıkartma..."** Bu söz öyle yerleşti ki zihnimize, bir nesil olarak icat çıkartmaktan korktuk. Çünkü yeni fikirler üretmek, projeler geliştirmek, toplumumuz tarafından takdir edilmiyordu. Üstelik takdir edilmediği gibi de "Ne gerek var böyle projelere" şeklinde görüşler ortaya atılıyordu.

Peki, toplumu bu hale getiren ne idi? Hayalleri ve idealleri çağlar ötesine uzanan bu topluma ne oldu da, kabuğuna çekildi? Esasında burada hem iletişim eksikliği, hem de yanlış iletişim yöntemleriyle ortaya çıkmış, bazı sorunlar vardır. Özellikle sinema sektöründe, yabancı filmlerle bilinçaltımıza empoze edilen fikirlerden bir kaçını sizlerle paylaşmak isterim;

*** En son teknoloji bizim elimizde.**
*Dünyayı bile, bizim ülkemiz kurtarıyor.
***En iyi askerler bizim bünyemizde.**
*En ideal imkânlar bizim kontrolümüzde.
***Bizimle rekabet etmeye kalkmayın!**
*Siz, bize bağımlı yaşayacaksınız!
***Bize karşı gelenlerin sonu, böyle olur!**

Lütfen şaşırmayın! Neredeyse tüm yabancı filmler temelde bu mesajları verir. Biz, filmin senaryosuna daldığımız o anlarda, bilinçaltımız bu mesajları zihnimize not eder. Genelde bu filmler de "Mükemmel İnsan" modelleri oluşturulur. İnsanlar film boyunca, kendilerini bu karakterlerin yerine koyarak, filmle aralarında görünmez bir bağ kurarlar. Film sona erer. Ancak beyin, kurulan bu duygusal bağlantıyı sonlandırmaz. Filmdeki senaryo, gerçek hayatla paralel yürütülmeye başlar.

Ancak gerçek hayat mükemmellikten uzak olduğu için, bu senaryoda çelişkilere sebebiyet verir. Kişinin zihni, yaşadığı bu algı karmaşası içerisinde, bir çıkış yolu arar. Bireylerin, artık bir seçim yapması gerekir. Filmdeki hayat mı? Yoksa gerçek hayat mı?

Bu soru en son "MATRİX" adlı bir sinema filminde sorulmuştu. **Kırmızı hap mı? Mavi hap mı?** Senaryo farklı ancak amaç aynıdır. Alenen gerçeklik ve kurgusallık üzerine, insanlara sanal ve senaryodan ibaret hayatlar telkin edildi. Netice itibariyle kendini senaryoya kaptıran bireyler, gerçek hayatta adeta yere çakıldılar. Her karşılaştıkları sorunda pes edip, mücadeleci ruhlarını kaybettiler. İşte bizim kurtarmaya çalıştığımız günümüz toplumu bu şekildedir. Bazı filmlerin, toplumlar üzerinde böylesine tahribatlara yol açtığını görünce, insan sormadan edemiyor.

Ya her hafta izlediğimiz bazı diziler? Sakın beni yanlış anlamayın. Bütün filmler ya da bütün diziler böyledir demiyorum. Ancak bazıları var ki, kasten ve alenen kültürümüzü, toplumsal değerlerimizi, tarihimizi ayaklar altına almakta. Ne acıdır ki, ülkemizde bu diziler "İzlenme Rekorları kırmaktadır..." Susacak mıyız? Bu senaryoya boyun mu eğeceğiz?

Bunlara karşı susamayız! Susmamalıyız... Bilinçaltımıza yerleşen bu filmler ve dizilerle, bizim üzerimizde, vurdumduymazlık kavramı inşa ediyorlar. Tepkisiz toplumlar oluşturuyorlar. Tembellik, imkânsızlık kavramını aşılıyorlar.

Tedbirli olalım, uyanık olalım, önümüze gelen her şeyi izlemek yerine, mantık çerçevesi içerisinde araştırmalar yaparak, analizler ortaya çıkararak meselelerin detaylarına nüfuz edelim. İslam inceliktir muhterem okuyucularım.

Bütünü ele alıp detaydaki bazı eğrileri görmezsek, bütünün bir kıymeti kalmaz...

Muhammed Yasir YAMAN

-Umarım uykunuzu kaçırmışızdır...

CESARET + İMKÂN = BAŞARI

Muhteşem 3'lü dediğimiz bu üç kavram, birbirleri üzerine inşa edilmiş muazzam bir mimaridir. Birini çekersek, diğerleri yıkılmaya yüz tutar.

Burada başarmak, cesaret ve imkânın sonucu gibi görülebilir. Ancak başarmak sonuçtan ziyade bir süreçtir. Başarı süreci, uzun ve meşakkatli bir yoldur. Bu yüzdendir ki herkes bu yola giremez. Bu yola girmek için risk almak gerekir, risk almak içinde cesaretli olmak gerekir.

Peki, nedir cesaret? Paraşütle yüksekten atlamak mı? Köpekbalıklarıyla sörf yapmak mı?

Cesaret Esasında; İmkânsızlığa, ümitsizliğe, çaresizliğe, korku, acı ve tehditlere karşı bireyin başa çıkma durumudur. Cesaretli insan, olaya farklı açılardan yaklaşarak, kararlılıkla hedefe emin adımlarla yürür...

Cesaretsiz insan ise; yapacağı işin zorluğunu analiz etmede yetersiz kalır. "Millet yapıyorsa" kuramı, insanın cesaretini körükler.

"Başkası şiir yazabiliyorsa, At biniyorsa, futbol oynayabiliyorsa, iş kurup köşeyi dönebiliyorsa, haliyle diğer insan bu örnekler üzerinde, ben neden yapamayayım?

Benim ne eksiğim var? Diyerek, bir cesaret patlaması yaşar.

Geçenlerde izlediğim bir yarışma programında, yarışmacılar sırayla paraşütleriyle uçaktan atladılar. Amaç belirlenen alanın en yakınına iniş yapmaktır.

İlk yarışmacı yüksekten korktu ve vazgeçti... İkinci yarışmacı tereddüt ederek atladı. Peşinden diğer yarışmacılarda atlayıp, yarışmayı tamamladılar. Çünkü hepsi, hem olay hakkında bilgi sahibiydiler; hem de o yapıyorsa bende yapabilirim sonucuna ulaşmışlardı.

Eğer ilk yarışmacıya da, arkadaşlarını gördükten sonra hak verilseydi, o da hiç korkmadan kendini boşluğa bırakırdı. Çünkü cesaret ile öğrenme kavramları birbiriyle çok ilişkilidir.

Sürekli yeni bir şey öğrenme isteği olan insanlar, zaten önceden birçok şeyi denemiştir. Hem kendileri, hem de olası görevler hakkında fikirleri vardır. Yeni bir göreve girişmek için daha cesurdurlar.

Bir de öğrenme kapasiteleri olduğuna inananlar, yeni şeyi yaparken öğrenebileceklerini düşünürler. Cesaretin en önemli kaynaklarından biri de, bir yönteme / stratejiye sahip olmaktır. Karşınızdaki rakip ne kadar imkânsız olursa olsun. Eğer mevcut bir stratejiniz varsa onu mutlaka yenebilirsiniz. Unutmayın "imkânsız" kavramının da zayıf noktaları var.

Biz imkânsızla baş edemeyiz. Ancak zayıf noktalarına hamleler yaparsak, mutlaka onu yenebiliriz...

Muhammed Yasir YAMAN

HAYATIMIZI PLANLAYALIM

BU GÜNÜN İŞİNİ "İMKÂNSIZA BIRAKMA! "
Toplum olarak sıkça yaptığımız hatalardan biride "bu günün işini, yarına bırakmaktır."

***Yine mühim bir işe başladığınızda, sıkça mola veriyor ve genellikle zamanınızı önemsiz işlerle mi geçiriyorsunuz?**

***Önemli bir işe başlamak için doğru zaman ve doğru ruh halinin olması gerektiğini mi düşünüyorsunuz?**

*** İşlerinizi son dakikaya mı bırakıyorsunuz?**

Bunların çoğuna evet diyorsanız, siz iyi bir mazeretçisiniz demektir. Yapılması gereken işlere başlamak sizin için zor olabilir. Ancak çaba gösterirsiniz bu davranışınızı değiştirmeniz mümkün...

Erteleme ve mazeret, kişinin kendisine yalan söylemesinin bir sonucudur. İşlerinizi ertelemek, esasında o işi yapacağınız süreden çok daha fazla zamanınızın alınmasına neden olabilmektedir... İş yapmamak, ya da önemli olmayan işleri yaparak vakit geçirmeniz, asıl yapmanız gereken önemli işlerinizin birikmesine neden olur.

Bu gün yaparım, yarın yaparım diyerek Ertelemeyi sürekli tekrarladığınızda, bu sizde kalıtsal bir alışkanlık haline dönüşür. Okul hayatımda zihnime yer etmiş kıymetli bir hocamın ders niteliğinde bir sözünü sizlerle paylaşmak isterim... **"Ödevini yap, Özgür ol "**

Ertelemeye neden olan faktörler...
Gerçekleştirilemeyecek hedefler belirlemek, "yapamam", "başaramam", "gidemem", "sonunu getiremem" gibi düşüncelere sahip olmak, başlıca ertelemeye sebebiyet veren faktörlerdir.

Erteleyici olmak şahsınıza ve işinize bağlıdır. Yaptığınız iş sıkıcıysa, adapte olamamanız, disiplinsiz olmanız, iş nedeniyle tükenmiş ve yorgun olmanız ertelemeye sebebiyet verebilir. Karar alma konusunda tıkanma süreçleri yaşamanız, mükemmeliyetçi tavırlar takınmanız, net olmayan ideallere sahip olmanız, işleri aynı anda, aynı günde yapma isteğiniz, ertelemenizi körükleyen en büyük sebeplerden bir kaç tanesidir...

Ertelemeye Son.
 Öncelikle erteleme kötü bir davranıştır. Bunu bilip, ondan nasıl kurtulabiliriz onu inceleyelim.

Pekâlâ, hayatınızda nelerin öncelikli ve acil olduğunu bulun...

*Acil meseleler neler, acil ve önemli olan, acil ve önemsiz olan işleriniz neler?
Önem derecesi düşük ne gibi işleriniz var? Bunları belirleyin.
Böylelikle acil ve önemli olan işleri en önce yaparsınız.
Bundan sonraki işleri erteleseniz bile önemli ve acil olan işleri yapmış olacaksınız.

Bildiğiniz sorulardan başlayınca başardığınızı hissedeceksiniz ve daha çok motive olacaksınız.

** Bizim ücretsiz psikologlarımız olan Arkadaşlarımızdan, yardım almamız gerekir.*
** Arkadaş ve aile baskısı, sürekli erteleyen kişileri bir düzene sokar.*
** Ertelediğin her şeyi bir kâğıda yaz ve buzdolabının üzerine as...*
 **Belli bir zaman belirleyin ve yapacağınız işe bu zaman dilimi içinde odaklanın.*
** Siz ahtapot değilsiniz, bunu kabul edin... Artık aynı anda birkaç iş yapmaya çalışmayın. Bu şekilde yaptığınız hiçbir işten verim alamazsınız...*

İşlerinizi Bölümlere ayırın..
*Bu mesele aynı evinizdeki gardırobunuza benzer. Gömlekler için bir bölüm, pantolonlar için bir bölme, çekmeceler, askılıklar... Onlarca bölüm ve dizayn. Ortak ama düzenli ve tertipli olmayı, sistemli hale getirmektir. İşleriniz sizi yorduğu zaman, işi daha küçük ve idare edebileceğiniz parçalara bölün. Bunun için bir plan hazırlayın

Neşenizi kaybetmeyin...
*Eğer bir işi sıkıcı olduğu için erteliyorsanız, daha sıkıcı işleri düşünerek halinize şükredin. Bunun farkında olarak başlamayı deneyin. Başladığınızda, diğer daha sıkıcı işler kadar sıkıcı olmadığını göreceksiniz.

Aferin Bana...
Kendinize ödüller koyun. Örnek olarak; bu iş bittikten sonra kendimi "..." İle ödüllendireceğim. Şu sınavdan şu notu alırsam, kendimi "..." gezmeye götüreceğim. Ödüllendirme, sizi motive edecektir. Ödüle gitmek adına mücadele ruhunuzu artıracaktır.

Dolayısıyla ertelemenizi, mazeret bulmanızı engelleyecektir...

"Susmak, yerine göre haykırmaktır. Bu haykırışı, kulak duymasa da, gönül görmezden gelemez..."

ZİHİN DEĞİRMENİMİZ
İnsanları Anlamak!

Bu konu üzerine, ciltler dolusu kitap yazıldı. Bazen; erkeklerin ortaya attığı "Kadınlar anlaşılmaz varlıklardır" tezine yoğunlaştığımız, Bazen de "Erkekler neden kolay varlıklardır? "sorusuna muhatap olduğumuz, bu enteresan ortamda bu tez ve soruya farklı bir açıdan yaklaşmak isterim.

Tabiri caizse "İmkânsızı" başarmanız için size günlerce "Gaz verip" motivasyonunuzu artırarak, bazı şeyleri başarmanızı sağlayabiliriz.

Fakat bir söz var, bilir misiniz?

"Taşıma suyla değirmen dönmez"

Şuana kadar anlattığımız birçok husus, zihin değirmenlerinizi nasıl işletip, idare edebileceğiniz üzerine aktarılmış hususlardır. Eğer bu kitabı elinize aldığınız ilk anda "Ben değişmem! Bu kitap mı beni değiştirecek" dediyseniz, şuan bu kitabı kapatıp, kitaplığa geri koyunuz. Ve mümkünse, usulca buradan uzaklaşınız!   Çünkü biz, "Taşıma fikirlerle, zihninizdeki değirmeni döndürmeyi düşünmüyoruz! " Zaten bunu piyasadaki birçok kişisel gelişim kitabı yapıyor. Biz temel atmaya geldik değerli okurum!

Bu temel içinde önce demirleri örmemiz, zemini nakış nakış işlememiz gerekiyor. İnsanları anlamadan bu binayı inşa edemeyiz. Ya da bu değirmeni döndüremeyiz.

Etkiye - Hoşgörü

İnsanları anlamada referans alacağımız en büyük unsur, fizikteki "etkiye-tepki" kanunudur. Fakat bu kavramı biraz değiştirip "etkiye-hoşgörü" yapıyoruz. Çünkü hamdolsun hepimiz Müslüman'ız. Peygamber Efendimiz bu hayatta örnek aldığımız en büyük şahsiyettir. Efendimizin güzel davranışları ve ahlakı bizim için çok önemlidir. Nitekim bu davranışlar eşliğinde, insanları anlamamız mümkün olabilmektedir. Etkiye - hoşgörü hususunu daha iyi kavrayabilmemiz açısında, bir önekle izah etmek istiyorum;

Hayatınızın en berbat günüdür. Eve gitmek üzere çıktığınız bu yolda, her şey üst üste gelmektedir. Birde üstüne çevrenizdeki insan faktörü de eklenince...

Bir adam size omzuyla çarpar. Dönüp birbirinizle bir kaç saniye bakışırsınız. Sonra karşı taraf, hem suçlu hem güçlü bir tavırla "Önüne baksana! " diyerek, kavgacı bir ses tonuyla size seslenir. İşte bu "Etki"dir. Sizinde bu etkiye karşılık "Asıl sen önüne bak! " çıkışını yaparak bir "Tepki" ortaya koymanız icap eder.

En azından fizik kanunlarına göre. Fakat bu aşamada fizik kanunlarına aykırı bir tavırla, yerçekimine karşı gelmeniz gerekir. **"ÖZÜR DİLERİM."** Zor bir cümledir. Karşı tarafta bir anda neye uğradığını şaşırır. Fizik kanunlarına göre sizinde ona karşılık vermeniz ve neticede yumruklarınızı konuşturmanız gerekiyordu.

Fakat içinizdeki iman, yerçekimine dahi karşı gelerek bu özrü diledi. Ne var ki karşı taraf bu kez " Hem çarptım, hem özür dilettim" edasıyla yoluna devam ederken, zafer kazandığını zanneder.

Fakat bu diyalogun dünya ahret kazananı sizlersiniz. Buhari'de geçen bir hadiste " Yiğitlik, kahramanlık, pehlivanlıkta hasmını yenen değil, öfkelendiği zaman, öfkesini yenendir." sözüyle esasen dünyanın en zor hususlarından biri olan, "öfkelendiğinde, öfkeni yenmek" eylemi açıkça gözler önüne serilmiştir.

Tüm bunlara rağmen şeytan ve nefsimiz bizi o kadar zorlar ki! Onlara karşı gelmeyi başarırsanız üstünsünüzdür. Nefse ve şeytana uyarsanız telafisi zor bir yola girersiniz.

İnsana anlama konusunda bunlar tecrübe kazandıran aşamalardır. Egoların insanlığı esir aldığı bu ortamda, anlattıklarımı başaran kişiler, kendilerini "Süper Kahraman" ilan edebilirler.

Bu kadar hoşgörü den bahsettik. Biri çıkıp size durup dururken iki tokat atarsa, ona da mı hoşgörüyle davranacağız? Diyeceksiniz. Aslında hoşgörünün de bir sınırı var. Kendinizi savunma noktasında, hoşgörü size belli tavizler tanımaktadır.

Ancak şunu unutmayın "Zulmeden taraf olmaktansa, Zulme uğrayan taraf olmak" daha hayırlıdır...

"' Zihin değirmeniniz de tıkırtılar duyuyorum. Sanki biraz çalışmaya başladı... Ama yeterli değil!

Figüran mı olmak istersiniz?
Yoksa Başrol mü?

Bu sorunun cevabı genellikle "Evde başrol, sokakta figüran oluyoruz" şeklinde verilmekte. Belki de zihin değirmenimiz bu yüzden dönmüyor. Hepimiz başrol olarak doğduk. Ancak zamanla, toplum tarafından figüranlaştırıldık. Bu figüranlaştırma eyleminde sadece toplum değil bizimde etkimiz büyüktür. Çünkü figüran olmak, insana daha kolay geliyor. Arka planda görünerek, sıfır icraat ile ömrümüzü tamamlıyoruz. Ama bu işin ahret boyutu da var...

Rabbimiz bize sorduğunda **"Ey kulum, ben seni dünyaya başrol olarak gönderdim. Peki, neden figüran olup tembelliği seçtin? "** deyince verecek hiç bir cevabımız olamayacak.

Yaradılışımız ve inancımız gereği, aksiyon yüklü dava ve ideallerimizle, imkânsızı başarmak bizim asli vazifemizdir. Ecdadımız Osmanlının, bize asır önce öğrettiği mukaddes bir amaç var. "Dünyada huzuru ve Barışı Tesis Etmek!

"İslamiyet'i bütün kıtalara yaymak" yani başrol olmakla kalmayıp, senaryonun da ötesinin de işler başarmak...

"Afrika'da ayağına diken batan bir çocuğun acısını, İstanbul'dan, İzmir'den, Trabzon'dan, Hakkari'den hissetmek, büyük sorumluluklar üstlenmek, kendin için değil ümmet için yaşamak, esasında başrol olmak demektir.".

Yapacağınız projelerde, atacağınız adımlarda hep şunu amaçlamanız gerekir;

"BEN DÜNYADA AKAN KANI DURDURACAĞIM"
"ZULMÜ SONA ERDİRECEĞİM"
"İNSANLARI, DOĞRUYA YÖNLENDİRECEĞİM"

Bu yüzden çok çalışıp imkânsızlıkları başaracağım. İşte bu niyetle işlerinizi gerçekleştirirseniz, hiç bir şey size zor gelmeyecektir. Zihin değirmeninizi ebediyen çalıştıracak, taşıma sulara gerek kalmadan, verimle bu değirmeni idare edebileceğiniz düşünce sisteminin, son ayağı da budur.

"Hayal kurmayı bilmeyen adamın, aldığı diplomaların hiç bir hükmü yoktur..."

Muhammed Yasir YAMAN

*BAŞARININ TARİFİ (S.A.İ.M.)

Sizce olabilir mi?
Aslında insan imkânsızı başarmak için, Öncelikle "Başarıya"
inanmak mecburiyetindedir. Başarı ve imkânı getiren ise
"Âlemlerin rabbi olan Allah'tır" Biz elimizden gelen her şeyi
yaptıktan sonra "Tevekkül" (kişinin Allah'a olan güveni ve
teslimiyeti) edeceğiz. Fakat günümüzde bir takım kimselerde
var ki, Çalışmadan, emek harcamadan, "tevekkül" ettiğini
iddia ediyor. Ancak onlar tembellikten öteye
geçmemektedirler. Çünkü gerçek tevekkül'ün zemininde
çalışkan mümin vardır. İmkânsızı "Allah'ın izniyle" aşarım
diyen mümin vardır. **S.A.İ.M nedir?** Esasında Arapça kökenli
bir cümle olmakla beraber, Türkçedeki manası; **"Oruç tutan
kimse, oruçlu"** durumlarını ifade eder.
 Peki, oruç nedir? Orucun Arapçadaki karşılığı **"savm"**
kelimesi olup, bu kelime **"bir şeyden uzak durmak, kişinin
kendini tutması ve engellemesi"** manalarına gelmektedir.
Muhterem okurlarım. İmkânsızı başarmanın en büyük tarifi,
savm etmek, yani kendimizi açlığa hazırlamaktır. Bu açlık,
nefis tarafından oluşturulan günah işleme arzusuna duyulan
açlıktır. Nefis acıktıkça, bizde nefsimizin karnını
doyuruyorsak eğer, yolumuzdan sapmamız kuvvetle
muhtemeldir. Tüm bu nefsi baskılara rağmen, biz bu açlığa
dayanacak ve pes etmeyeceğiz.

Şunu asla unutmayın. **"Nefsin açlığı insanı öldürmez, aksine güçlendirir."** bu açlık paralel olarak da Maneviyatımızı güçlendirir. Ruhumuzu yeşertir ve bereketlendirir. S.A.İ.M esasında, 2 zıt mananın ortak yargısıyla oluşan bir tariftir. Nefsimizin isteklerine karşılık, nefsi savm etmemiz gerekir. Bunu yaparken de, vücuttaki denge unsurunu korumak adına, ruhumuza da manevi gıda alımını gerçekleştirmemiz gerekiyor.

Yani şöyle diyebiliriz, şuan nefsimize oruç tuttururken, ruhumuza ve maneviyatımıza da iftar ettiriyoruz.
O halde gelin iftar soframızdaki o ebedi gıdalarımızla tanışalım;

*SABIR
*AKSİYON
*İMAN
*MÜCADELE

S.A.İ.M" hükümleri kısaca izah edecek olursak;
SABIR: En zorudur. Ama imkânsız değildir. Asla bir köşeye çekilip, sinme eylemi de değildir. Mantık çerçevesinde uygun zamanı kollamaktır. Uygun zamanı beklerken çoğu kişi "yalnız" duygusuna kapılıp sabır yolunu terk eder. Ancak Yüce kitabımız da, Rabbimizin bizlere açıkça beyan ettiği gibi;

Lâ Tahzen! Innallâhe Meassabirin *"Şüphesiz Allah sabredenlerle beraberdir" (Bakara, 2/153, 155)*

Ayetini yüreğimizde hissedeceğiz ve sabır yolunda yalnız olmadığımızı bileceğiz.

AKSİYON: Çağımızın en büyük sorunudur. Sürekli toplantılar yaparız. Sürekli kendimize hedefler koyarız. Sürekli planlar projeler çizeriz. İcraat olmadığı takdirde, biz aslında hiç bir şey yapmıyoruz demektir.

Baktığımız zaman,(aksiyon) tek başına imkânsız çerçevesinde, anlam ifade etmeyen bir cümledir. Ancak Aksiyoner Gençlik dediğimizde, imkânsızı başarma potansiyeline sahip muhteşem bir güç olarak tanımlanabilir. Düşüncelerini, uygulamaya geçirmek için bireyin başvurduğu yolda diyebiliriz.

İMAN: Güvenmek ve samimiyetle inanmaktır. Bütün şartlara sahip olunsa da, yaptığımız işlerin temelinde ve ruhumuzun merkezinde onu yaşamıyor, ya da gereken değeri vermiyorsak, "imkânsız" cümlesini de sıkça telaffuz ediyoruz demektir. İmkânsızın aşılmasında yegâne çözüm noktasıdır.

Peki, iman'dan uzak üretilen çözümler olamaz mı? Elbette... Fakat siz onlara çözüm dersiniz, biz ise; "Durumu idare etme, Günü kurtarma, İşi Zorlaştırma" deriz.

İman, imkânsızın ve yegâne varlığın sahibi olan Allah'a samimiyetle bağlanmaktır. Arada kurulan dua köprüleriyle yardım istemek, başarıya giden yolda bir ilaçtır...

MÜCADELE: Bir amacımız var. "İmkânsız" olanı başarmak. Çaba sarf ettiğimiz halde, mücadele etmiyorsak başarısız oluruz. Kaybetmekten korkanların, daha yolun başında, terk ettikleri kavramdır. Yapacağınız işe, kurduğunuz hayallere sımsıkı sarılmanız bile "Mücadele" kavramının varoluşunu izah etmektedir.

Vazgeçmediğiniz her an, mücadele ediyorsunuz demektir. İmkânsızı başarmada "mücadele" bir arabanın tekerlekleri kadar bizim için mühimdir.

Hayatımız sınırlıdır. İmkânsızları başarmak için, inanca ve disipline sahip olmanın yanı sıra, zamanı da en iyi şekilde kullanmamız gerekir. Yoksa ölüm geldiğinde, benim şu işim yarım kaldı, şunu yapamadım, bunu edemedim gibi bahaneler için geç olabilir.

İmkân Vasıtaları (Sivil Toplum Ruhu)
Bazen her şeyi kendiniz başaramazsınız. Ortada bir yük vardır.
Bunu tek başınıza kaldırmakta zorlanırsınız. Peki, kafanızı
kaldırıp etrafa baktınız mı?

Birçok insan yine sizin gibi, kendi başlarına yükler kaldırma
peşindeler. Çünkü hepsi "koca seyit" olma hevesi içerisindeler.
Ancak atladıkları büyük bir detay var.

Bazı rivayetler koca seyit'in yanında bir arkadaşının
bulunduğu ve topu sırtına yüklerken, bu arkadaşının yardımcı
olduğu anlatılmaktadır.

Velhasıl, çevrenizde bulunan "Toplum" nimetinden neden
yararlanmıyorsunuz? Ortadaki yükü, tek başınıza kaldırıp Fıtık
olmak hoşlanıyor musunuz?

Sivil toplum tanımlamalarından en belirgin olanı; "Toplumun
bütün kesimlerinin, çeşitli branşlarda bir araya gelerek,
organize bir şekilde teşkilatlanmasıdır..." şeklinde ifade edilir.

İnsanlar farklı düşüncelere sahip olabilirler. Dil, din, ırk,
mezhep gibi faktörler, birliği kategorize eden hususlardır.
Fakat amaçlar bazen kategorileri bile, tek bir noktada, aynı
amaç ekseninde güç birliğine sevk edebilir.

Bunların yanı sıra, Resulüllah (S.A.V.) efendimiz, sadece
ilahi vahyi tebliğ etmekle kalmamış aynı zamanda kitlelerle
beraber hareket etmiştir.

Ashabı ile birebir dostluk kurarak istişareye önem veren
efendimiz, Dünya üzerinde gelmiş geçmiş en büyük toplum
rehberidir. Sorunları çözmede efendimiz daima toplumun istek
ve görüşlerini dikkate almış, gerektiğinde yine toplumdan
ricada bulunmuştur.

Ortada bir yük var ise, karşılık beklemeden, gönüllülük
esasıyla, herkes bu yükün ucundan tutarak, sahibinin ya da
genelin imkânsızlığını bir çözüme kavuşturacaktır.

Kimi zamanda bireysellikten öte toplumsal imkânsızlıklara çareler aranıyor. Elbette her "STK (Sivil Toplum Kuruluşu)" çalışkandır, diyemeyiz. Ancak şunu söylemeliyim ki, yardım amaçlı kurulan STK 'lar, bünyelerinde toplanan bağışlar ve destekler neticesinde sürekli hareketli, işlevse faaliyetler içerisinde olabiliyorlar.

Bundan önceki konumuzda "Zihin Değirmenimiz 'den" bahsettik. Orada iki önemli husus vardır. Birinci husus insanları anlamak...

Diğer hususta, figüran mı? Yoksa başrol mü olmak istiyorsunuz? Şeklinde yöneltilen bir soru üzerinedir. Sivil toplum ruhu insana muazzam katkılar sağlar. Bu katkıların en mükemmeli liderlik vasfıdır.

Sivil toplum ruhu, insana başrol olmayı, ufkunu genişletmeyi, ileriye dönük planlar yapabilmesine olanak tanıyan fevkalade unsurdur.

Sivil toplumun temelinde "Egolarla başrol olmak değil, takva ile başrol olmak" fikri çoğunlukla hâkimdir.

İmkânsızı Başarmak İçin, Yapmanız gereken 40 altın kural vardır.

1. Sabırlı olun ve ibadetlerinizi terk etmeyin.
2. Karşınızdaki insanı dinlemesini bilin.
3. Bir konuda sabit fikirli olmayın.
4. Anlaşılır, kısa ve öz cümleler kurun.

5. Özür dilemekten çekinmeyin.
6. Sakin olun ve hızlı karar verin.
7. Espri çok ağır bir sorumluluktur. Becerebilirseniz yapın.
8. Size yöneltilen soruları cevapsız bırakmayın.
9. Meseleleri iyi araştırın ve meselelere hâkim olun.
10. Boş konuşmayın.
11. Şükretmesini bilin.
12. İnsanların hareketlerini iyi analiz edin.
13. Hayatta hep kazanacaksınız diye bir kural yok. Kaybetmeye hazırlıklı olun.
14. Boş yere kimseyi eleştirmeyin.
15. Görüşlere saygılı olun ve insanlara zorla bir şey kabul ettirmeyin.
16. Kuru gürültü yapmayın, kendinizi ifade edin.
17. Mimikleriniz sizin her şeyiniz. Onların yerinde ve zamanında kullanın.
18. Toplum içinde oturuşunuza özen gösterin.
19. Biri sizinle konuşurken, onu güzelce dinleyin.
20. Birisi konuşurken, dinlemeyi bırakıp not almayın.
21. Birisi konuşurken, telefonla uğraşmayınız.
22. Kimsenin sözünü kesmeyin.
23. Ortalığı karıştırmayın.
24. Nerede duracağınızı bilin.
25. Yeni kelimeler öğrenin.
26. İnsanlara işini öğretmeye kalkmayın.
27. Çelişkili cümleler kurmayın.
28. Yerinde ve zamanında susmayı bilin.
29. Sözünü vurgulayıcı cümlelerle tamamlayın.
30. Dedikodu yapmayın.
31. Öğüt veriyorsanız, bunu önce kendiniz uygulayın.
32. Yalan söylemeyin.
33. İnsanların işlerine gereksiz yere müdahale etmeyin.
34. Çokbilmişlik taslamayın.
35. Yalnızken nasılsanız, toplum içinde de öyle olun.
36. İnsanların huyuna-suyuna gidin.
37. Adaletli olun.
38. Kendinizi bir şey zannetmeyin.
39. Soğuk espriler yapmayın.

"Herkes dünyayı değiştirmek ister. Şayet herkes kendini değiştirseydi, dünyayı değiştirmeye gerek kalmayacaktı..."

Muhammed Yasir YAMAN

KARINCA VAKİTLERİ

Her insanın, yaşadığı gün içerisinde verimli olduğu zamanlar vardır. İşlerin daha iyi yapıldığı, verilen görevlerin fazlasıyla yerine getirildiği bu zaman dilimine "karınca vakti"diyoruz. Toplumsal açıdan yapılan tüm araştırmalarda, herkesin Karınca Saatinin farklı olduğu ve karınca saatlerinin farkında olan insanların zamanlarını kontrol edebildikleri, bu nedenle işlerindeki kaliteyi artırdıkları görülmektedir. *İnsanlar, 3 Farklı Karınca Vaktine ayrılır;*

Karıncası Sabah Gelenler;

Bu kişiler sabahları atom karınca gibidir. En faydalı oldukları vakit, sabah işe, okula geldikleri vakittir. Karıncası sabah gelenlerde sabah saatlerindeki iş gücü ve hızı daha yüksektir. Ancak bu kişilerin karıncaları öğleye doğru gider. Bu yüzden işleri yavaşlar, hızları düşer...

Karıncası Sabah Gelenlere Tavsiyeler

Karıncanız gelir gelmez önemli ve aciliyeti olan işlerinizi halledin... (mesela; sınava çalışma, test çözme, önemli toplantılar, karmaşık projeler, şiir yazma gibi.) Sabah ki karıncanızı mühim işler üzerinde kullanın. Çünkü karınca öğleye doğru sizden ayrılıp evine dönecek. Önemi düşük işleriniz (örneğin; sosyal medyada durum güncelleme, yer bildirimi yapma, haberleri okuma, mail kutunuzu kontrol etme, gibi) öğleden sonraya bırakın, çünkü bu işler "atom karınca" gerektirmeyen işler...

Karıncası Öğlen Gelenler:

Bu kişiler diğer gurubun tersidir. Sabah saatlerinde derslerine, işlerini, verilen görevlere yoğunlaşmakta sıkıntı çekerler. Düşünme ve odaklanma yetenekleri günün diğer saatlere nazaran sabahları çok düşüktür... Ancak öğle saatlerine doğru, Atom karıncaları gelmeye başlar... Birden bire, o sabahki bireyden eser kalmaz, performansları ve düşünme becerileri her dakika artar. Bu kişiler için günün en uygun vakti, öğleden sonraki vakitlerdir...

Karıncası Öğlen Gelenlere Tavsiyeler:

Günlük sıradan işlerinizi (sosyal medyada durum paylaşmak, yer bildirmek, telefon görüşmesi yapmak vb.) sabahları yapmanız, mühim ve incelik gerektiren işlerinizi, Karıncanız geldikten sonra yapmanız, zamanınızı verimli kullanabilmekte size fayda sağlayacaktır.

Karıncası Temelli Yerleşen

Bu kişiler şanslı kişilerdir. Çünkü karıncaları sabah, öğle sürekli onlarla birliktedir. Çalışma becerileri, çalışma güçleri, sabah ve öğleden sonra saatlerinde en yüksek seviyelerdedir. Karıncaları gidici değil, kalıcıdır. Bu yüzden başarıları hiç eksik olmaz...

Karıncası Temelli Yerleşenlere Tavsiyeler:

Sizin için hayat güzeldir. Sabah öğle fark etmez, ister ders çalışın, ister durum güncelleyin, sadece bir işe ve göreve haddinden fazla zaman ayırmayın. Çünkü diğer işler için vakit kalmayabilir...

KÜN FEYEKÜN! (Ol denince olur!)

Yüce kitabımız Kur'an-ı kerimde, İmkânsızlıklarla ilgili sıkça başvurduğumuz birçok sure var. Onlardan biri de Yasin suresidir. Sure'nin 82. ayetinde;

Bismillahirrahmanirrahim;
İnnemâ emruhû izâ erâde şey'en en yekûle lehu kun fe yekûn(yekûnu). *"O (Allah), bir şey irade ettiği (dilediği) zaman O'nun emri, sadece ona: "Ol!" demektir. O, hemen olur..."*   **(Yasin suresi 36/82)**

Ayetiyle, imkânsızlığın esasta var olmadığına, bir şeyin olması ya da olmamasıyla alakalı, rabbimizin sadece dilemesiyle bir şeyin mümkün olunacağına değiniliyor.

Nitekim İnsan yaratılması ile varlığı ile Allah'ın yaratma isminin tecellisine mazhar olmuştur. Buna rağmen insan, imkânsız kelimesini sıkça zikretmekten kendini alamamıştır...

Allah'ın Sıfatlarının İnsana Yansıması ve İmkânsızlık Kavramı: Bakınız insan üç şekilde, esma-i ilahiye ye (Allah'ın isimlerine) ayna vazifesi görür;

1. Ters Zıtlık Yönünden: Nasıl ki, geceleri karanlık, nurun ve ışığın varlığına işaret eder. Öyle de insandaki acizlik, zaaf, fakirlik ve eksiklik özellikleri ile Allah'ın kudret, kuvvet, zenginlik ve kemaline işaret eder.

Yani "Ben acizim, fakat her şey benim yardımıma koşuyor. Öyleyse bütün bunları benim yardımıma gönderen birisi var." Deyip Allah'ın kemali ve celali sıfatlara kendi eksiklik ve noksanlık sıfatlarıyla işaret ve şahitlik eder.

2. Şahsi Benlik duygusundan: İnsan kendisinde bulunan benlik duygusu vasıtası ile Allah'ın sıfatlarına ayna vazifesi görür. Yani, nasıl ki ben bu apartmanı yaptım ve yapılışını görüyorum ve idare ediyorum. O halde bu kâinat sarayının büyüklüğü oranında, bir mabudu ve kudretli bir ilahı vardır.

Bu benlik duygusu ile insan Allah'ın Celil ve Kahhar isimlerine de aynalık vazifesi görür. Şöyle ki: insan kendi Arkadaşına, çocuğuna veya öğrencisine ödev veya görev verdiği zaman, yerine getirilmediği takdirde ona kızar ve cezalandırır.

Veya bir devlet reisi verdiği görev yerine getirilmeyince şiddetli cezalar verir. İşte bu hiddet ve celali halimiz Allah'ın Celil ve Kahhar gibi isimlerinin bizde tecelli ettiğinin bir göstergesidir.

3.Allah'ın İnsan üzerinde Tecelli eden isimlerinden: En başından biz insanların yaratılmasında tecelli eden Allah'ın isimleri mevcuttur. Yani yaratılmamızda "Halık", güzel ahlak ve terbiye edilmemiz de "Bari" rızıklanmamız da "Rezzak" gibi.

Ayrıca insanların hatalarından dolayı Allah'ın gazabına uğrama durumu söz konusu olduğu vakit, bu isimler azami derecede tecelli eder. İşte Nuh Kavmi, Ad ve Semud kavimleri ve Lut Kavminin helak edilmeleri bu isimlerin insandaki tecellisini gösterir.

Asıl bu ve diğer isimler ahrette bütün haşmetiyle tecelli edecektir. Yani Allah'ın celali ve cemali isimleri cennet ve cehennem de tecelli edecektir.

Allah'ın bütün güzel isimleri, ilâhî sıfatlardan birine dayanır. Meselâ, Âlim ismi Allahın sıfatı olan 'ilim' sıfatına, 'Kadir' ismi 'kudret' sıfatına, 'Mütekellim' ismi 'kelam' sıfatına dayanır.

Tüm bu sıfatların özünde, Allah'ın; dilediği ölçülerde "imkânın var olacağı, Onun istediği işlerin imkâna ulaşacağını bir kez daha tekrar etmekte fayda görüyorum. "İmkânsız" kavramında insan sadece bir noktada haklıdır. Yaratma sıfatı (yoktan var etme) yalnız Allah'a mahsustur.

Ancak yine bu noktada yaptığımız araştırmalar neticesinde, Yaratma sıfatı insana verilmese de "İcat ve ustalık" ile (Var olanı düzenlemek) Allah'ın yaratma sıfatının insan üzerindeki yansımasıdır...

Peki, İmkânsız olan şeyleri Nasıl İsteyeceğiz?
Bu noktada İmkânsızı isterken iki önemli husus vardır;

Birinci Husus: Bize göre imkânsız olan ancak dünya da olabilmesi Allah'ın kanuna aykırı olmayan şeylerdir.

İkinci Husus: Bu dünyada olmasını istediğimiz şeylerin, Allah'ın kâinata koyduğu kurallara aykırı olmasıdır ki, böyle bir şeyin olması mümkün olmadığı gibi, böyle bir şeyi istemek de doğru bir davranış değildir.

Rabbimiz her şeyi bir hikmet ve sistem üzere yaratıyor. Bir şeyi en güzel şekilde yaratması gibi isimleri vardır.

Bu nedenle bir şeyden en güzel istifade nasıl olacaksa öyle yaratması onun hikmet, adalet, rahmet ve merhametinin neticesidir. Bununla beraber "bir şeyden her şey yaratma ve her şeyden bir şey yaratmak" gibi fiillerini de görmekteyiz. Böyle olduğu halde hiç bir şeyde bir karışıklık görülmüyor.

Örneğin bir tek su damlası olan insan suyundan bütün azaları yaratmak, bir tek ruha sevgi, korku, ümit, inat, endişe, huzur gibi sayılamayacak kadar özellikleri takmak onun en çok gördüğümüz fiilleridir. Demek ki yarattığı her şeyde değişik özellikler olmasına rağmen hiç birinde bir terslik ya da çirkinlik yoktur.

Büyük bir denizin kıyısındayız. Elimizde küçük bir kova var. Bu kovayı suya daldırıp çıkartsak ve bize şöyle bir soru sorulsa, bütün bu denizin suyu bunun içine doldu mu? Bizim cevabımız kovanın böyle bir kabiliyeti yok, şeklinde olurdu. Çünkü kova ancak, kova kadar su alma kabiliyetine sahiptir. Yani eşyanın kabiliyeti ne kadar ise Allah o kadar yaratıyor.

Bu nedenlerden dolayı bir şeyin aynı anda hem üçgen hem de kare olarak yaratılması hikmetsiz olurdu. Demek ki dualarımızda istediğimiz şeyler hikmete uygun olmalıdır.

Aziz ve kıymetli kardeşlerim, en başta zikrettiğimiz **Kûn feyekûn! (Ol denince olur!) ayetinde,** Allah'ın sıfatlarının insanda tecelli etmesiyle ilgili yaptığımız bu açıklamalar, sizlere şunu anlatmak için yapıldı: <u>Hayırlıysa, bir şeyi hayata geçirmekten, mücadeleci olmaktan vazgeçmeyin.</u>
Çünkü sizin ruh ve beden hamurunuz, Allah'ın bu sıfatlarıyla yoğrulmuştur.

Potansiyelinizde, başarmaya programlanmış, ancak sizler bilerek ya da bilmeyerek, başarısız olmak için bütün gücünüzle gayret sarf etmiş, önünüze "imkânsız"cümlesiyle duvarlar örmüşsünüz.

Bize düşen görev, hakikat azminin önüne örülmüş kabul edilen bu "İmkânsız" duvarlarını yıkarak, sizin içiniz de bulunan, Rabbimizin yüce sıfatlarının yansımalarını ortaya çıkarmak ve size **"Bak sen bunu da başarabilecek potansiyeldesin! "** demek niyetindeyiz.

"Ölüm, insanı başarmaya sevk eden büyük bir geri sayımdır. Sonunda ise, sonsuzluğa kurulmuş zaman üstü bir yapıdır. "

Muhammed Yasir YAMAN

GENÇLİK UYANIYOR

Gençlik denildiğinde ilk akla gelen,"kanı kaynayanlar" tabirinin görüldüğü, süper kuvveti olan, yeniliğe ve hızlı kavrayışa sahip milenyum jenerasyonudur.

Peki, gerçek mâna da gençlik nedir?
Heyecan mıdır? İstek midir? Hayal kurmak mıdır? Pes etmeyi kabullenmek midir? Bir ideolojiye takılıp ilerlemek midir? Hunharca koşup terlemek midir? Saatlerce bir mekânda hapsolmak mıdır? Sabah gidip akşam gelmek midir? Düşünebilmek midir? Ya da önceden kalmış düşünceleri onaylamak mıdır? Bir grup çevreye takılıp zaman harcamak mıdır? Elimizdeki güçlerin başkaları tarafından sömürülmesini izlemek midir?

Bu liste uzayıp gider ancak kendimizi hangi kategoride görüyoruz onu ayırt etmeliyiz. Birincisi gençlik kavramını iyi bilmek gerek. Nasıl olacak diye sorarsanız buyurun birlikte inceleyelim. İlk olarak, gençliğin tanımı sözlüklerde **"taze"** olarak geçer. Gençlik yaşla sınırlanmayan, bir yerden başlayıp sonuna varılmayan bir olgu olsa gerek. Gençliğin bitimi yaşlılıkla olmuyor.

Gençlikle ilgili binlerce atasözü mevcuttur. **"Gençler hayalleriyle yaşar, ihtiyarlar anılarıyla"** diye. Gençler, içinde bulunduğu dönemi bitirmeyi ve o dönemden uzaklaşmayı ister. İhtiyarlar ise bu döneme geri dönmeyi arzu eder. Gençlik ve genç olmak adına günümüzde bazı yanlış kabuller mevcuttur...

" İnsan hissettiği yaştadır derken de özlem hep gençliğedir. Oysa o gerçekten kaybedilmesi gereken bir duygumu? Şu ya da bu nedenlerden ötürü gençlikle birlikte anılan klişeleşmiş bazı tanımlar vardır.

Gençlik böyleymiş ya da böyle olmalıymış gibi. Bunlar gençlere öyle bir empoze ediliyor ki, gençler dahi inanıyor böyle olabileceğine.

EEE... Nede olsa erişkinler yanılmış olamazlar değil mi? Oysa Gençlik, bir yaş sorunu değildir.
Gençlik, atlatılması gereken bir dönem değildir.
Gençlik, başıboşluk değildir.
Gençlik, asilik değildir.
Gençlik, uyumsuzluk değildir.
Gençlik, kişilik bulma değildir.
Gençlik, kendini anlatmama ve anlaşılmama sorunu da değildir.
Gençlik, sorun üretme merkezi ve deşarj olma sorunu da değildir...

Pekiyi o zaman, NEDİR GENÇLİK?
Gençlik, Ömrün baharıdır, yaratılış ağacının en müstesna meyvesidir hayatın kaynağıdır; dinçliğin ve sıhhatin vesilesidir; güzelliğin özüdür.
Gençlik bir his, duygu, düşünce durumudur.
Gençlik, pozitif, dinamik ve aktif algılayıştır.
Gençlik, açlık, saflık, netlikleriyle dürüstlük aynalarıdır.
Gençlik, giydirilmiş kuralların, bindirilmiş düşüncelerin, uydurulmuş hikâyelerin kabul görmediği yerdir. Gençlik, bastırılmaması gereken bir olgudur.

Gençlik, kendini tanımanın ve gerçekleştirmenin heyecanlık yarışıdır. Toplum ağacının bahar filizidir gençlik.
Kısacası gençlik, bir yaşam biçimidir ve öyle kabul görülmelidir. İşte Fatih Sultan Muhammed han, gençlerin potansiyelini ve kararlı tutumlarını sezip, onlara güvenerek yarınları gençlere emanet etmiştir.

Gençlik, akıldan ziyade his ve hevesleri dinler. Toplumun dinamik gücü olan gençlik, his ve heveslerinin yönlendirmelerine bırakılmamalıdır.
Akıl ve mantık açısından doğru kabul edilen bütün hakikatlerin toplumda yaşanabilmesi, gençliğin his ve heveslerinin azmanlaştırılmamasına bağlıdır, dersek fazla söylemiş sayılmayız.

Gençlik dönemi, insanın, his ve heyecanlarını tatmin ederken, akli ve mantıki ölçülere yine de kafasının en çok yattığı çağdır. Bir sistem üzere sadece heyecanla, macerayla yönlendirilmiş olan gençlik her zaman için oynak (labil) tır. Çünkü his ve heyecanın belli kriterleri yoktur.

Her kim, his ve heveslerine daha fazla hitap eder, hangi faâliyet onun heyecanlarını daha çok tatmin ederse gençliğin meyli o tarafadır. Fakat aklileşmiş, mantık ölçülerin de oturaklaşmış, irade terbiyesi görmüş olan gençliğe yön vermeye çalışmak hiç bir sapık düşüncenin haddine değildir.

GENÇLER OLARAK ŞİKÂYETLERİMİZ VAR MIDIR? OLMAZ MI... ?

İlk olarak, anlaşılmamaktan şikâyetçidirler.
İhtiyaçlarının karşılanmamasından şikâyetçidirler.
En çokta güvenilmemekten, aciz görülmekten, kabullenilmemekten şikâyetçidirler.
Özgürlüklerinin kısıtlanmasından şikâyetçidirler.
Yapılan güzel işlerinin görülmeyip, sürekli ters giden, yanlış yapılan işlerinin fark edilip, o ters giden işleri yüzünden azar işitip, heveslerinin kırılmasından şikâyetçidirler.

Belli başlı hayaller kurup peşinden gitmek isteyip ancak başkaları tarafından müdahale edilip yıpratılmasından şikâyetçidirler.

SONUCUNDA

Yalnızlar, Korunmasızlar, iletişimsizler, kullanıldıklarını düşünürler, tek başına mücadele etmeye çalışıyorlar ya da bastırılmaya ve yıpratılmaya maruz kalıyorlar. Zoraki sokuldukları kimlik arayışları, onları da bir yerden sonra tüketiyor. Onlar, oldukları gibi kabul edilme çabasındalar. Büyükler onlara kendilerine benzesin diye şekil vermek istiyorlar. Kendilerini koruyacak sosyal yardımdan ve destekten uzaktırlar.

Gençlerimizin sağlık, maddi, sosyal durumları ile ilgilenirken bir yandan da eğitim sorunları çözülmeli, insan ilişkilerinin daha da gelişmesi için de psikolojik ihtiyaçları kendilerini geliştirme ve gerçekleştirme adına desteklenmeleri gerekmektedir.

Bu gün toplum gençlere gereği kadar yer vermezken, aileleri açısından hep genç hep çocuk gözüyle görülürken, Fatih Sultan Muhammed Han gençlere bu güveni vermiştir. Genç yaşında elde ettiği zaferler ile biz gençlere çok büyük bir idol olmuştur.

"İmkânın sırrını görmek için imkânsızı denemek gerek..."

Fatih Sultan Muhammed HAN

PEKİ, YA PROBLEMLERİMİZ VE KORKULARIMIZ NELERDİR?

Şimdi gençliğin problemleri olarak ileri sürülen meselelere bir göz atalım: Bir. Yüksek okula girememe, eğitim sisteminin bozukluğu, işsizlik, meslek sahibi olamama, çeşitli içtimai baskılar, cinsi problemler, evlenememe ya da erken evlendirilme korkusu, arkadaşsızlık, eğlence imkânı bulamama, uyuşturucu kullanma, alkolizm, intihar, hippilik, "eylemcilik" vs, psikolojik ve sosyolojik problemlerdir.

Bu problemler ülkeden ülkeye değişir. Bizi burada daha çok alâkadar eden husus, gencin her halükârda -ister okuyor olsun, ister okumasın, ister çalışıyor olsun, İster çalışmasın kendini gösteren gencin İç dünyası ile dış dünya arasındaki uyum veya uyumsuzluktur.

Davranış bozuklukları, şahsiyet çözülmeleri, içtimai intibaksızlık gibi psikolojik ve kısmen sosyal yanı olan hastalıklar halledilmesi zor problemlerin kaynaklarıdır. Bir işsizlik, bir düzenli öğretim, bir herkese okuma imkânı. Hep çaresi kolaylıkla bulunabilen problemlerdir.

Ama gençliği alkolizme, uyuşturucu musibetine, hippiliğe, ahlâksızlığa, intiharlara iten problemlerin halledilmesi mühimdir. Her kötü alışkanlığın psikolojik, sosyal, felsefi temelleri vardır. İçi (kalbi) doymamış, düşünce ve kalp birliğine erememiş bir insan, içindeki çatışmaları hangi inancın veya iç müessir kuvvetin tesiriyle dindirsin?

Başkalarının yine tutarsız olan öğütleriyle veya toplumun baskısıyla mı? Hayır, bunlar bu sahada geçerli değildir. Gençlik çareyi -sağlığına zararlı olmak pahasına-alkolizm, uyuşturucu ve ahlâksızlıkta buluyor.

Bilhassa yüzyılımızda fikir dünyasındaki boşluktan faydalanan materyalizmin insanlığa hâkim olmasıyla doğan materyalist kültürün doğurduğu bazı bunalım sebeplerini şöylece tespit edilir:

*İnsanın değersizleşmesi, mekanikleşme, sermaye, mal durumuna düşme.

 *Sırf üretimi artırmak için çalışan bir varlık haline gelme (ruhsuzlaşma); hızlı hayat içinde tefekkürün kısırlaşması; gizli kişiliklerin insanlığa hâkim olması.

*Bencilliğin ön plâna geçmesi ve bunun derinliklerinde insanın yalnızlık hissetmesi.

*İnsanın Mutlak Yaratıcıdan koparılıp yeni tanrılara yönlendirilmesi vs.

Günümüzde değer yargıları değişmiş, azgınlık ve sapıklık, yine sapık düşünceli ilim adamlarının tesiriyle, normal haller seviyesine çıkmıştır.

Fakat yine de insanların içinde bir büyük hasret halinde kalan insani hayat, insanlık ufkuna yücelmiş, faziletli ve ahlâklı bir grup genç tarafından yaşanması hayretle karşılanır hale gelmiştir. En kötü şartlarda bile, en iyi olabilmenin mümkün olduğunu ispat eden irade kahramanı gençlik de vardır. Bu varoluş, gerçekten varoluş sırlarını kavratan eğitim vasıtaları ile mümkün olmaktadır. Yoksa gayri fıtri metotlar ve suni davranışların üstesinden gelebileceği bir iş değildir bu.

NEDENLERİ APAÇIK ORTADADIR

"Bugün bütün bir nesil, kendini yüceltecek ve insani melekelerini geliştirecek imkânlardan mahrum, yapayalnız ve boşluktadır.

Onu yüceltme ve faziletli kılma istikametindeki gayretler ise, gayet cılız, alabildiğine seviyesiz ve tamamen oyalayıcı ve deneme mahiyetindedir. Başka hiç bir sebep olmasa, bu iki husus, bütün neslin bodurlaşması için yeter ve artar. Olsa olsa böyle bir atmosferde yetişenler, sabahleyin şaşkın, öğlene doğru deli ve azgın, akşamüstü herhangi yanlış bir fikre adapte olmuş bir zavallı olabilir. Ama hiçbir zaman ve katiyen ahlâken mazbut ve faziletli olamaz. "

Gençliğin ızdırabının, tatminsizliğinin, bunalımlarının, çarpık modacılığının, temelinde inançsızlık, daha doğru bir ifadeyle Hakka inançsızlık yatar. Çünkü inanç, insanın iç merkezi (kalbi, vicdanı) nin doymasıdır. Ne var ki inanç ta bir tatmin meselesidir.

Aklın, kalbin, mantığın imanla doyması halidir. Dolayısıyla, buhranların sebebi olarak inançsızlığı görüp, inanç yolunda insanı tatmin edecek vasıtaları kullanmamak, bu yolda gayret göstermemek de aslında tedavi edilmesi gereken ayrı bir buhran, ayrı bir hastalıktır. Günümüzde yüzlerce yeni felsefi akım vardır. Bunların hepsi de birbiriyle tartışır, hatalı yanlarını ortaya koyarlar.

Siz ise bunların hepsini birden yetersiz bulabilirsiniz. Ama ilginçtir, nasıl taraftar bulurlar, nasıl bağlıları vardır. Sizin şaşırmanız, hakikati tanımış olmanızdandır. Bu mevzu ya henüz şaşırmayanlar ise hakikatten haberi olmayanlardır.

"Gençler suya benzer, tuttuğunuzda yumuşak gibi gelir ama vurduğunuzda beton gibidir, canınız yanar..."
Fettah TANDOĞAN

GENÇLİĞE SADECE EĞİTİM YETMEZ!
CEMİYETTE ŞART
Eğitim, sırf bir öğretim meselesi değil, bilgiyi değerlendirme, hayatın içerisinde kişiye bir şahsiyet kazandırma meselesidir.

Şahsiyet kazanma veya kazandırma ameliyesi de, ne psikoloji öğretiminin ne de herhangi bir fakültenin işi değildir.

Hedef ve gayesi belirlenememiş bir talim ve terbiye sistemi nesilleri şaşkına çevireceği gibi, nelerin nasıl öğretileceği ve terbiyede takip edilecek usul ve metodun neler olacağı bilinmeden gençlerin kafa ve ruhlarına yerleştirilen şeyler de onları sadece birer bilgi hamalı yapacaktır.

Bunların çözümü toptan cemiyetin işidir. Her kesim elini taşın altına koyması gerekmektedir, gerek sivil gerek resmi. Bu nesil bizim.

14-18 YAŞ ARASI GÖRÜLEN BİR TAKIM HAL VE HAREKETLER

- Kimlik arayışı
- Yalnız kalma isteği
- Çalışma isteksizliği
- Huzursuzluk
- Tehlikeli konulara merak
- Otoriteye karşı direniş (Anne, Baba, Toplum)
- Özgürlüğe düşkün olma
- Bağımsızlığı isteme
- Bir gruba ait olma arzusu
- Karşı cinse karşı ilgi
- İlişkilerinde ve girişimlerinde başarılı olma isteği

GENCİZ VE YAPTIKLARIMIZ GENÇLİĞİMİZE Mİ VERİLMELİ?

"Gençlik, yaşça büyüğüne hürmet eden olduğu gibi aynı zamanda yaşça kendisinden küçüğe merhamet eden ve yaşta dengini ise, kendisine üstün sayan kimsedir." Burada çok açık olarak bildirilmiştir ki, "edep" gençliğin olmazsa olmaz bir sıfatıdır. Bu yüzden düşünülmelidir, saygısızlık ve edepsizlik ne kadar "gençtir mazur görelim" diye geçiştirilebilir. Bugün bu geçiştirmelerle bu sıfatlar gençlerin üzerine bir vazgeçilmez gibi yapışmıştır.

Genci anlamak başka, hak vermek başka bir şeydir. Ve bizlerde bir yerden sonra o sıfatlara dayanıp "kasten" hata yapmaktayız.

"Genç genel olarak kendisinden anlamsız hareketin çıkmadığı kimsedir, bunun nedeni Allah'ın şu sözünü duymasıdır.

"Göğü ve yeri ve ikisi arasındakiler boş yere yaratmadık."
(sad 38-27)

Peki, bu ayet'e göre ne yapmalıyız?
Gençten meydana gelen her hareket de "o ikisi arasındaki"
kapsamına girer." Bu nedenle genç için gereken bir sıfat da
hikmet sahibi olmaktır.

O kendisi hikmetle davranma gayretinde olduğu gibi
çevresinde olup bitene de hikmet nazarı ile bakar. Bu yüzden
sebebini bilse de bilmese de, hiçbir işi ve oluşu anlamsız ve
abes addetmez, çünkü onu Allah yaratmış ve takdir etmiştir.

Genç hikmetin peşine düşer, bulamasa da teslim olur. Hiç
zamanı bomboş geçiren, aklını boşa harcayan, mahlûkata
saygısı olmayan, onları sadece bir tüketim nesnesi olarak
gören birine genç denilebilir mi? Genç güç ve kuvvet
sahibidir.

Ancak sanıldığının aksine bu güç ve kuvvet ona nefsin
hesabına kullansın diye değil Allah namına kullansın diye
verilmiştir.

Bu yüzden o zorluklara direnir, yılmaz bir gayret ve himmetle
hizmet eder. Rabbin rızasına uygun biçimlenme gayreti ile her
yerde araştırma halindedir. Alıcıları kâinata açıktır. Kulakları
iyi işitir, kelimelerin hayırlı olanlarını hıfzeder, gözleri iyi
görür, kâinatta var olan Cemal sıfatını mütalaa eder. Ağzını
kendisini hakikate ulaştıracak sorular için açar, başkasına
hakikati duyurmak için söyler.

**Bu yolda "sebat" etmeliyiz ki rahman bize nazarı ile
baksın!** Bunda sebat eder. Genç hatalar yapar, ama hatasını
ibret vesilesi olarak hayat tecrübesine ekler, seyyiatı hasenata
tebdil eden sırra ulaşır. Tecrübe yanlışları bile güzel hale
getiren bir sırdır. Çok düşüp kalksa dahi istiğfarda sebat eder.
Aklını iyi işletir, azabı ilahiyi kulak ardı etmez. Dürtülerinin
onu götüreceği yerin cehennem olduğunu hisseder.

PEKİ, GÜCÜMÜZÜN ÖLÇÜSÜ NE BOYUTTA?

Gençlik umut etme yeridir. İnsanlar arasında en çok gençler
her şeyi değiştirebilecek bir güce itikat ederler. Onlar için
imkânsız diye bir şey yoktur. Bu yüzden en devrimci fikirler
onlardan çıkar.

Zira bu fıtri güven ve umudu kendilerine veren üzerilerinde
tecelli eden ism-i Hayy ve Kadir'dir. Belki denilebilir ki
gençlerin sözle veya halle daimi zikri "Ve hüve âlâ külli şeyin
kadir"dir. Onlar farkında olsa da olmasa da bu zikrin
müdavimidirler.

Hayat piramidiniz olmalı!

**Bu sadece bir örnektir, o boşlukları sana göre olması
gereken şekilde listelemelisin.** En tepeye senin için en mühim
hedef ve öncelikli konu ne ise onu koymalısın. Önceliklerini
önem sırasına göre dizmelisin ve vereceğin kararlarda bu
öncelikleri hep test etmelisin. Hedefe giderken önüne çıkan
şaşırtıcı, baştan çıkarıcılar ve zevk tuzaklarına düşmemek için
beyninde bu şablonu hep açık tutmalısın. Beynimiz kendi
kendini programlar. Arabaya bindiğimizde şoför isek nereye
gideceğimizi yola çıkmadan önce düşünür, planlarız.

Daha sonra başka şeyler düşünürüz. Düşünürken otomatik
pilota bağlanmış beynimiz bizi istediğimiz yere götürür.

Başlangıçta beynini doğru programlayanlar kısa ve uzun vadeli hedeflerini ve yaşamın amaçlarını belirlemiş insanlardır.

Böyle insanlar olayları yönlendirir. Amacı olmayan insanları olaylar yönlendirir. En tepedeki hedefler soyut hedefler olmalı, nasıl bir insan olmak istiyorsun, mezar taşına ne yazılmasını istiyorsun? Bunları iyi düşün...

HER GENÇTE YENİLİKÇİ BİR RUH VARDIR! GEREK NEFSİNE KARŞI GEREK DÜNYASINA...

Delikanlılık çağında ve mektep sıralarında iken hemen her genç, millete hizmet aşkı ve vatan sevgisi gibi duygularla sıkça gerilir, toplumun yaralarını sarmadan, bu ülke ve bu ülke insanını yükseltmeden dem vurur; hissizliğe ve hareketsizliğe ateşler püskürür durur...

Ne var ki, böyle yüksek duygularla şahlanan bu gençlerin pek çoğu, bir makam kapıp bir memuriyete geçtikten sonra, içlerindeki bu kıvılcımlar yavaş yavaş sönmeye yüz tutar, ruhlarında bir külleşme, gönüllerinde de bir çölleşme baş gösterir.

Daha sonra ise, tamamen cismani ve bedeni hayatın tesirinde kalan böyle bir genç, o güne kadar gönülden bağlı bulunup toz kondurmadığı yüksek ideallerinden uzaklaştıkça tamamen sefil duyguların, düşük menfaatlerin kölesi haline gelir.

Bir kere de o acayip ve öldürücü turnikeye girdi mi, gayri semavi bir inayet olmazsa, geriye dönmesi büsbütün imkânsızlaşır ve bir zamanlar ateş püskürüp durduğu şeylerin azad kabul etmez kölesi olur çıkar. " 0 " kadar esirleşir ki; vazife ve mesuliyetleriyle alakalı bir kısım hususlarda, vicdanının ihtarlarından dahi rahatsız olmaya başlar.

Bundan böyle o, bütün düşünce ve kabiliyetlerini elde ettiği mevkii muhafaza ve amirlerinin teveccühünü kazanma gibi çok defa insan ruhunu alçaltan alçalmış şeylerde kullanır ve büsbütün sefilleşir.

Bir de elde ettiği makam itibariyle yükselme istidadı gösteriyorsa, artık başka şeyleri görüp gözetmesi imkânsızlaşır ve biricik totemi olan makamını kaybetmemek için, her türlü zillete katlanır.

İcabında vicdanına ters, imanına muhalif işlere girer; fayda umduğu herkes karşısında iki büklüm olur; dün ak dediğine bugün kara demeye başlar; bir gün önce göklere çıkardığı kimseleri, ertesi gün rahatlıkla yerin dibine batırabilir.

Ve hele, onun başkalarına, başkalarının da ona riya ve tabasbusları, zaten yaralanmış ruhunu ve hırpalanmış iradesini öylesine sarsar ve darbeler ki; bundan böyle onun hayır ve fazilet adına bir şey yapması mümkün değildir.

Ne acıdır ki o, şaşkınlığa uğrayan hissiyatı, körelen zekâsı, bağlanan basiretine rağmen, hala kendini en iyi düşünen, en isabetli kararlar veren, en faydalı işler yapan biri gibi görme maraz ruh haleti içindedir!

Biz gençler olarak ne yapmalıyız? Yaptığımız her iş her hareket uygun mudur? Bize uygunsa da ailemize, yakın çevremize, eş dostumuza uygun mudur? Bunları hesaplayıp öyle çarşıya inmemiz gerekiyor. İlk önce bakacağımız husus aile yapımızdır. Yaptığımız her iş ailemize mâl olacağından, bunu düşünerek aile çevremizi riske atmamak için ona göre hareket etmeliyiz

"Sen kimseden bir şey bekleme, şayet seni yaratandan başka kimse sana ihsan etmez, bu yüzden sen isteyeceksin..."

Fettah TANDOĞAN

O HALDE KIYMETLİ GENÇ

1) İslâm'ın pak, makul, sağlam, doğru, mantıklı, ilmî ve ulvî itikadını iyi öğren!

2) Hikmetli, ibretli, faydalı, menfaatli, sevaplı, nurlu ibadet ve taatleri eksiksiz ifa eyle, Rabbinin rızasını gözet, ahret hesabını unutma!

3) Yalnız kendini, nefsini, keyfini, zevkini düşünmekten kaçın; ana-babanı, akrabanı, ahbabını, dindaşlarını… Azınlık Müslümanları, mazlum ırkdaşlarını, esir topraklarını da düşün, hatta hiç hatırından çıkarma, mensup olduğun ümmete karşı vazifelerini iyi ifa edebilmek için istikbale iyi hazırlan!

4) İlim yönünden ileri ve güçlü olmaya çalıştığın kadar; irfan, ahlâk, takva, ihlâs, ruh ve nefis terbiyesi bakımından da olgun, derin ve yetkin olmağa gayret sarf eyle!

5) Her gün hatalarını, başarılarını, çalışmalarını, amaçlarının sonuçlarını gözden geçir ve kendini kontrol edip muhasebe eyle; hatalarını ve menfi huylarını bırakmağa, yeni ve güzel hasletler ve daha yüksek vasıflar edinmeğe uğraş!

6) Yüksek ve olgun bir çevre edinmeğe ve kurmağa çalış, ilmü irfan meclislerine devam eyle; başka arkadaşlarını da bu güzel topluluklara getirmeğe gayret et!

7) Zamanını iyi değerlendir, zaman kayıplarını azaltmağa, verimli saatlerini arttırmağa gayret et!

8) Ailene veya sorumlusu olduğun fertlere sahip ol, onların da kaliteli yetiştirmeğe uğraş!

9) İslâm'a ve Müslümanlara her yönden faydalı olmanın yollarını ara, bul, sor, ifa et!

Kendi gelişimin ve örnek bir birey olmak için;

-Kimseye karşı kin tutma ve kimsenin başarı ve saadetini kıskanma. Fakat imren, sen de öyle bir muvaffakiyet ve saadete erişmeye çalış. İmrenmek başarının şartıdır. Kin ve kıskançlık ise iç ferahlığının, sağlık ve saadetin iki azgın düşmanıdır.

SENİ SEN YAPACAK ALTIN KURALLAR
-Dost kazanmak için cömert ol. Bil ki cimrinin dostu yoktur.

-Gençliğinde iyi arkadaş kazan. Yaşlılıkta kazanılan arkadaşlık sağlam olmaz. Zira paslı teneke lehim tutmaz.

-Gençlik güzelliğine, şans denilen kör kuvvet bile âşıktır. .

-Herkesçe beğenilen asıl güzellik ahlak güzelliğidir. Çünkü ahlakı güzel insan her yaşta güzeldir.

-Yüz güzelliğine, kıyafet güzelliğine değil "ahlak" güzelliğine değer ver, çünkü yüzler eskise de kıyafetler yıpransan da ahlak hep o günkü tazeliğini korur.

-Ahlakını güzelleştirmeye daima çalış. Ahlak güzelliği insan için en kıymetli bir servettir.

-En yakın arkadaşlarınla bile şakaların zarif olsun. Kaba şakadan hayvan bile hoşlanmaz.

-Dost ol. Ta ki sana da dost olsunlar. Dostluğunu kötü günde göster. Ta ki kötü gün dostu bulasın.

-Dostlarına vefalı, düşmanlarına müsamahalı ol ve yere yıktığın düşmanını tekmeleme. Unutma ki onun da kalkacağı gün olur.
-Büyüklere hürmet et. Ta ki büyüdüğün zaman sen de küçüklerden hürmet göresin. Etme bulma dünyası.
-Küçüklere şefkat göster. Ta ki büyüdükleri zaman onlardan şefkat görmeye hakkın olsun.

-Kadınlara hürmet et. Düşün ki kadınlık insanlığın anasıdır. Bir kadına hitap ederken onu annenin yerine koy öyle davran.

-Ana-baba ahı alma. Ana-baba ahının zehrini içen kimse kurtulamaz. Eğer babanı razı edersen Allah razı olur, anneni razı edersen Muhammed Mustafa (sav) razı olur. Bundan âlâ iş mi olur.

-Yaşlıların tecrübesinden faydalan. Ve tecrübe edilmişi yeniden tecrübeye kalkışma ki pişman olmayasın.

-Muvaffakiyetlerinle mağrur olma. Bil ki gurur gelecekteki en büyük başarıların en büyük düşmanıdır. Asla kibirlenme her an ne olacağı belli olmaz. Gururun hüzne dönebilir.

-Sonunda pişman olacağın bir işi başında düşün. Pişmanlık ahmaklıktır. Dur ve bir işe koyulmadan önce bir değil iki defa düşün!

-Boşuna iddia ve inat etme. Kimseyle inatlaşma. Hakikati ara. Ara ve sev. Hakikat sevgisi insan için sevgilerin en yükseğidir.

-Kusurlarını kendin gör. Ta ki onları düzeltebilesin. Ve eleştirilere açık ol. Her vakit özeleştirini yap ve tarafsız ol.

-Hayatta cesur ol. Fakat bil ki cesaret gözü kapalı tehlikeye atılmak değildir. Stratejini iyi kur, cesaretinin fitilini öyle yak.

-Başkasının kanaat ve akidesine hürmet et. Ta ki başkası da seninkine hürmet etsin.

-Kendine yapılmasını istemediğin bir muameleyi başkasına yapma. Ta ki başkası da sana karşı aynı şekilde hareket etmesin.

Ve bu hareketlerin neler doğuracaklarını da tahmin edip öyle hareket etmelisin.

-Kendine iyilik yapılmasını istersen başkalarına iyilik yap. İyiliğe karşı iyilik adalettir. İyiliğe karşı kötülük cinayettir. Kötülüğe karşı iyilik ihsan ve atıfettir ve insanlığın en âlâ derecesidir.

-Düşenin elinden tut. Ta ki sen de düştüğün zaman tutacak el bulasın. Düşen düşmanın dahi olsa ona bir şans ver ve elini uzat, bakarsın aradaki soğuk duvar yıkılır.

-Sözlerin tatlı, tavırların zarif olsun. İnsanın kabası ısırgan köpek gibidir. Herkes tarafından taşlanır.

-Başkalarından gördüğün kötülük seni iyilik yapmaktan alıkoymasın. İyilik ibadettir, kötülükle bir tutulmaz. Kötülüğe kötülük kısas değildir.

-Kendinden üsttekilere değil, kendinden alttakilere bak. Rahat edersin.

-İşinde ve sözünde doğruluktan ayrılma. Allah doğru olanların yardımcısıdır.

- Kibirli olma. Kibirli insan sarımsak kokan ağız gibidir. Herkesi kendinden uzaklaştırır.

-Alçak gönüllü ol. Mütevazı insan, meyve ağacına benzer. Meyve dalının yere eğilmesi meyvesinin çokluğundandır.

-Çalış, daima çalış. Fakat hırsı bırak. Zira hırs verimli çalışmanın, sağlık ve saadetin düşmanıdır.

-Çalış; fakat haris olma. Haris insan, ciğer bulaşmış eğeyi yalayan aç kedi gibidir. Dilinden akan kanı yalar da bilmez.

-Hayatın ve tutacağın yol hakkında tereddüde ve kararsızlığa düşüp de bir ışık aradığın zaman fikrini ve reyini soracağın kimseyi iyi seç. Düşün ki isabetsiz bir fikirden hareket ederek verdiğin karardan bütün ömür boyunca pişmanlık duyman mümkündür. Fakat isabetli bir fikirden aldığın ışık da bütün ömrünce yolunu aydınlatır.

-Başarılı olma yolunda senin ilk büyük düşmanın tembelliktir. Tembellik insan karşısına çıkıp da mertçe savaşan bir düşman değildir. Bilakis, eski peri hikâyelerindeki kahramanlar gibi şekilden şekle girerek ve bin bir hile kullanarak alt etmeye çalışan bir namerttir. Tehlikenin büyüklüğü de buradan kaynaklanır.

-Başarının bir diğer düşmanı kötü arkadaştır. Dost ağzı kullanır, seni esirger ve yardımına koşar görünür. Seni kendisine imrendirmek için yapmadığı şaklabanlık kalmaz.

Tembellik senin içindedir ve senin ağzınla konuşur. Arkadaşın kötüsü ise sana kendi ağzını kullanır ve seni tembellikten daha çabuk kendine bağlar. Zaten tembelliğin işi asma, hoppalığa ve züppeliğe düşme şekli ekseriya kötü arkadaş telkinleriyle başlar ve zamanla alışkanlık halini alarak içimizde yerleşir.

Birilerinin ne dediği yıpratmasın sizi, eğer gittiğiniz yoldan eminseniz hiç durmayın ve gürültülere aldırmayın.

"Birileri arkanızdan konuşuyorsa, onlardan öndesiniz demektir..."   *A.ÇEHOV*

"Akarsular dönmez geri, tıpkı gençliğim gibi..."
                          Sagopa Kajmer

ASPRİN TAVSİYELER
-Bilmediğiniz bir dil öğrenin(çünkü yeni bir dil yeni bir insan demektir)

-Fırsatın varken çokça seyahat et(gezdiğin, gördüğün senindir)

-Egzersizi ihmal etme

-Sevmediğin işi bırak(sürdürdükçe batarsın)

-Başkalarının ne dediğini umursama(onlar hep konuşurlar)

-Okulu savsaklama(çünkü günümüzde ilk önce diplomaya bakıyorlar)

-Güzelliğinin farkına var!(senden kötülülerini bir düşün, değişme şansları yok)

-Sevdiğini söylemeye çekinme(kaçan balık büyük olur)

-Anne sözü dinle !(hiç bir anne evladının kötülüğünü istemez)

-Merak ettiğin her şeyi dedene sor(çünkü o görüp geçirmiştir)

-Başladığın işi bitir(yarım kalırsa zarar senden yana olur)

-Aşkta risk al(tabi ilk önce aşk kavramını iyi tanıyıp, anla)

-Endişelenme (sakin ve soğukkanlı olmaya, olayları iyi anlayıp öyle hareket etmeye bak)

-Sevdiklerinle vakit geçir(ilk olarak ailenden başla)

Ve tabi hayal kur...

BAŞARININ 8 SIRRI

-Sev, tutku duy
-Çok çalış
-Odaklan
-Kendini zorla
-Fikir bul
-En iyi ol
-Hizmet et
-Israr et

TARİHE YÖN VERMİŞ VE ÇAĞ AÇIP ÇAĞ KAPAYAN LİDERLERİN EVLATLARINA BIRAKTIĞI MÜHİM ÖĞÜTLER:

Hz. Ali (r.a)'ın oğluna bıraktığı 8 mühim öğüt:

-Zenginin en iyisi, akıl zenginidir.
-En büyük fakirlik ahmaklıktır.
-En büyük yalnızlık, kendini beğenmektir.
-En büyük şeref, güzel ahlaktır.
-Ahmakla arkadaş olmaktan sakın.Sana faydalı olmak isterken zararı dokunur.
-Yalancı ile arkadaş olmaktan sakın.Çünkü o sana uzağı yakın, yakını uzak gösterir.
-Cimri ile arkadaş olmaktan sakın.Çünkü o kendisine en çok ihtiyaç duyduğun anda senden uzaklaşır
-Fasıkla arkadaş olmaktan sakın.Çünkü o, çok değersiz birşeye seni satar.

Allah'ın (c.c) muvaffak kılması hayırlı bir rehberdir.
Güzel ahlâk, hayırlı bir yoldaştır. Akıl hayırlı bir arkadaştır.
Edep hayırlı bir mirastır. Kendini beğenmekten daha büyük bir yalnızlık yoktur.Söyleyene değil, söylenen söze bak.

1.Murat'ın Oğlu Yıldırım Beyazıt'a Öğüdü

Babası Orhan Gazi'nin vefatı üzerine 1362'de tahta çıkan
.Murat "Gazi hünkâr" ve "Hüdavendigar" gibi sıfatlarla
anılmıştır.

27 yıllık saltanatında, Rumeli ve Anadolu'da 37 mümin ve
muharebeyi idare ederek hepsinde zafer kazanmıştır. Ülke
topraklarını beş misli büyütmüş ve Osmanlı'yı bir Avrasya
devleti haline getirmiştir.

Azim ve iradesi kuvvetli, vakar sahibi adaletli ve cesur bir
şahsiyetti.1389. Kosava zaferinde henüz savaş
meydanındayken bir Sırplı tarafından hançerlenmiş ve şehit
edilmiştir.

Sultan 1.Murat son nefeslerinde oğlu Yıldırım'a şu vasiyeti
yapmıştır.
-Dünyada ölümden kim kurtulmuş ki bana ağlıyorsun.
Ağlayacaksan Müslümanlara ağla. Hallerini perişan bırakma.
-Yerim sana kalır. Doğruluktan, iyilikten ayrılma, beni de
hayırla andır. Padişahlığın sermayesi doğruluktur.
-Padişahlığı rahat bir şey sanma. Dünyanın en zor işi budur.
Dünyada iyi ad bırakmaya çalış. İşin şanına denk olsun.

Osman Gazinin Mirası ve Vasiyeti

Vefat etmeden evvel kumandanlarını etrafına toplayan Osman
Gazi, onlara "Müslümanlığa hizmet etmeleriniz, sancağı
daima yükseklerde tutarak Türk'ün ve İslam'ın kuvvetlerini
yaşatmalarını, cihadın sırrına erip, cenkten geri
kalmamalarını" vasiyet ettikten sonra, oğlu Orhan Gazi'ye
dönerek nasihat etti:

Oğlum!

Ölüme itaat etmeyen bir padişah yoktur. Şimdi
Allah'ın(c.c)hüküm ve emriyle ölüm yaklaştı. Artık dünya
zevklerinden ümidi kesmek gerek.

Ey bahtiyar oğul!

Bu devleti bu emaneti sana bırakıyorum. Seni hûda'ya emanet ediyorum. Beni sol gümüşlü kubbeye göm. Ceza ve hesap gününde Allah'ın(c.c) emanetlerini senden isteyeceğim. Bütün işlerinde adaletli üstün tut. Halkın ve askerin hakkını yeme. Onların haklarını tam ver.

Allah(c.c) Buyruğundan gayri iş eylemeyesin, bilmediğini şeriat ulemasından sorup öğrenesin.
Sana itaat edenleri hoş tutasın, Askerine lütuf ve ihsanı eksik etmeyesin.

LOKMAN HEKİMİN OĞLUNA 73 ÖĞÜDÜ

-Ey babasının canı (canım evlâdım, ciğerparem, Hak Teâlâ hazretlerini tanı.
-Başkasına nasihat vermeden önce, kendin o tavsiye edeceğin şeyle amel et.
-Kendi ölçüne göre söyle.
-Herkesin (kendine göre olan)kadrini bil.
-Herkesin hakkına riayet et.
-Sırrını sakla.
-Dostunu müşkül zamanında dene.
-Dostunu iyili ve kötülük zamanında sına.
-Aklı başında ve bilgin dostu tercih et.
-Hayırlı işler uğrunda gayret sarf etmekten geri durma.
-Kadınlara güvenme.
-Bir tedbir alacağın zaman, ahlak ve bilgi sahibi birisine akıl danış.
-Delil ve ispatını hazırladıktan sonra söz söyle.
-Gençlik zamanında iki cihana ait işlerin dürüst olsun.
-Dostlarına ve ahbaplarına saygı ile ikram göster.
-İyi bir üstadı baba yerinde tut.
-Masrafını yerine göre ayarla.
-Cömertliği âdet edin.
-Misafire karşı ne gerekirse yap.
-Birinin evine misafir gittiğinde gözünü ve dilini sıkı tut.
Etrafa göz gezdirmekten ve gevezelikten sakın.
-Herkesle hoş geçin.
-Vücudunu ve üstünü başını temiz tut.
D5K

-Ayakkabı giyerken sağdan çıkarırken sol ayağını kullan ve buna dikkat et.
-Az yemeği, az uykuyu ve az konuşmayı âdet edin.
-Kendinden büyüklerle şakalaşma.
-Büyüklerle konuşurken uzun laf etme.
-Sana ihtiyaç arz eden kimseyi geri çevirme.
-Eski münakaşaları anma.

Başkalarının menfaatlerine ortaklık etme.
-Hısıma, akrabaya karşı alâkanı kesme.
-İyi kimselerin aleyhinde söz söyleme
-Konuşurken sözlerine alay ve şaka nevi'nden güldürücü laflar karıştırma.

-Bir kimseyi başkasının yanında mahcup etme.
-Kaş, göz işaretleriyle, şunu bunu yere seçerek ve küçük düşürecek harekette bulunma.
-Söylenen lakırdının tekrarını isteme.
-Gülünç söz söylemekten çekin.
-Kendini kadın gibi süsleme.
-Başkasının yanında kendini veya ailenden birini methetme.

-Çocukların keyfine uyma.
-Elinden geldiği kadar kavga ve çekişmeden uzak dur.
-Kuvvetini denemeye çalışma
-suizandan sakın.
-Acele iş görme.
-Dünya işleri için kendini fazla üzme

-Seni tanımak isteyen kişiyi sen tanı.
-Öfkelendiğin zaman sözünü tartarak söyle.
-Herkesin karşısında yemek yeme.
- Kimse konuşurken araya laf karıştırma.
-Güneş doğacağı vakitlerde uyuma.
-Başını dizlerinin üzerine koyma.
-Misafir yanında bir kimseyi azarlama.

-Misafire iş buyurma.
-Deli veya sarhoş adama söz söyleme.
-İşsiz-güçsüz, serseri adamların yanında oturma.

-Kimsenin düşmanlığını celbetme.
-Daima yanında para ile çakı veya parmağında yüzük
bulunsun, bunlar sız gezme.

-Tevazudan ayrılma.
-Ömrün oldukça Allah'a (cc) samimiyet ve ihlâs ile
müteveccih ve mütevekkil ol.

Eyyûbel Ensarinin oğluna verdiği öğüt

Evladım!
İlimsiz amel olmayacağı gibi, amelsiz ilim de deliliktir iyi bil
ki, bu gün seni ibadete sevk edip günahlardan uzaklaştırmayan
ilim, yarın da seni cehennem ateşinden uzaklaştıramaz.
Bu gün ilminle amel edip kaçırdığın fırsatları
toparlamazsan,yarın kıyamet gününde:
"Allah'ım bizi (tekrar)dünyaya döndür de iyi amel işleyeyim"
Dersin. O zaman cevap olarak sana denilir ki: "Ey ahmak, sen
oradan geliyorsun..."

Genç yaşta Allah dostu olmak zor değil!
Seyyid Tâhâ hazretleri(k.s) müridi ve halifesi seyyid
Sıbgatullah Arvasi hazretlerine(k.s) gönderdiği bir mektupra
şöyle diyor:
"Bir kişi, ihlâs ve muhabbe sahibi olup, kur'an ve sünne'in
ölçülerine göre amel yapıyorsa, biliniz ki o zat Allah dostudur.
İsterse bu kişide Hiçbir keramet görülmesin.

VE SON OLARAK HAYATIN BOYUNCA ŞUNLARI İYİ BİL

Hayatta ki en önemli şey. ALLAH'IN GÜCÜ!
En güçlü iletişim kanalı DUA!
En değerli servet İMAN!
Hayatta ki en etkili güç SEVGİ!
En büyük mutluluk ÖZVERİ!
Onsuz olunması en kötü şey ÜMİT!
En Yıkıcı alışkanlık KAYGI!
Dünya üzerinde ki en inanılmaz bilgisayar BEYİN!
En büyük kayıp ÖZ SAYGIYI YİTİRMEK!
En büyük doğal enerji kaynağı GENÇLİK!
En çirkin kişilik özelliği BENCİLLİK!
Üstesinden gelinmesi gereken en büyük sorun KORKU!
En güzel kıyafet GÜLÜMSEYİŞ!
Başarıyı engelleyen en güçlü düşman MAZERET!
Toplumda istenmeyen en tehlikeli kişi DEDİKODUCU!
En güç dolu sözcük YAPABİLİRİM!
En değersiz duygu KENDİNE ACIMAK!
En çok güç veren aşı TEŞVİK ETMEK!
En etkili uyku ilacı ZİHİN HUZURU!
En takdir edilecek iyclik GÜVENİRLİLİK!
En memnum edici iş BAŞKALARINA YARDIM ETMEK!

Ve en iyi yaklaşım ŞÜKRETMEKTİR!
Şükretmek Hayatın iyi tarafını ortaya çıkarır.
Sahip olduklarımızın Aslında yeterli, hatta fazla bile olduğunu hissettirir.

ŞÜKÜR;
Reddi Kabule,
Düzensizliği Düzene,
Karmaşıklığı Netliğe çevirir.
Bir öğün yemeği Ziyafete,
Bir evi bir yuvaya çevirir.
Şükretmek Geçmişimizi Anlamlı kılar,
Bu güne huzur ve yarınlara bir ışık getirir.

AİLEMİZ (ATOMLARIMIZ)

Toplumu oluşturan en küçük birlik ailedir. Aile yapısı ve düzeni sağlıklı olursa, toplum da sağlıklı olur. Aksi takdirde toplumda bozulmalar meydana gelir ve kısa zamanda dağılıp gider. Büyük bir öneme sahip olduğu için Allah-u Teâlâ, aile düzenini bizzat şekillendirmiş ve görev dağılımını da kendisi yapmıştır.

"Ey insanlar! Doğrusu biz sizi bir erkekle bir dişiden yarattık." (Hucurat/13) ayeti, ailenin temelinde farklı cinsten iki insanın olduğunu bildirmektedir: Evin hanımı ve evin beyi. Bu iki insan, elmanın iki yarısı gibi birbirlerini tamamlar ve birçok konuda birbirlerine ihtiyaç duyarlar.

İlahi ferman, karı-koca arasındaki ilişkiyi şu ince ifadelerle açıklıyor: **"Onlar (hanımlarınız), sizin için birer elbise, siz (erkekler) de onlar için birer elbisesiniz..." (Bakara/187)**

Bu derece birbirlerini tamamlayan ve birbirlerine bu kadar ihtiyaç duyan karı-koca, bir ömrü birlikte geçirirler.

Birlikte meydana getirdikleri ailenin sorumluluklarını da paylaşmaları gerekir. Ailedeki sorumlulukları, iki grupta toplamak mümkün: Ailenin idaresi ve ihtiyaçlarının temin edilmesi ve ailenin şeref ve namusunu koruyup aileye ait olan değerlerin gözetilmesi. Allah-u Teâlâ bu vazife ve sorumlulukları, erkeklere ve hanımlara vermiş olduğu özelliklere göre taksim etmiştir: "Erkekler, gözetme, (yönetme ve koruma hususunda) hanımlar üzerinde sorumludurlar. Çünkü Allah, onların bir kısmını diğer kısmına karşı fazladan (farklı özelliklerle) donatmıştır. Ayrıca (erkeklerin sorumlu olmalarının diğer bir sebebi) erkeklerin kendi mallarından harcama yapmalarıdır. Onun için Saliha hanımlar itaatkârdır.

Allah'ın kendilerini koruması sebebiyle, gizliyi (kimse görmese de namuslarını) koruyucudurlar..." (Nisa/34)

Allah-u Teâlâ, ev idaresi ve ihtiyaçlarını temin etme vazifesini, kısaca ev reisliğini erkeğe vermiştir. Ev hanımlığı, ev reisine itaat etme ve ailenin şerefini her halükârda koruma vazifesinden de hanımları sorumlu tutmuştur.

Bunun sebeplerini de açıklamıştır. Rabbimizin erkeklere ve hanımlara verdiği fiziki ve ruhi özellikler, vazife ve sorumlulukların yukarıda açıklandığı şekilde taksimini gerektirmektedir.

Fiziki yapı olarak erkekler daha güçlü ve daha dayanıklı yaratılmıştır. Ruhi yapı itibarı ile de koruyuculuk ve gözeticilik özelliklerine, hanımlara nispetle daha çok sahiptirler. Hanımlar ise fiziki yapı itibariyle daha nazik ve daha narin yaratılmıştır. Ruhi yapıları ise daha hassastır.

Onların bu hassasiyeti, genellikle samimi bir dostun gözetimine ve savunmasına ihtiyaç duyar. Bu itibarla ev idaresi, hanımların gözetilip korunması ve ihtiyaçlarının temini görevi erkeklere verilmiştir. Hanımlara ise, Allah'ın bir emri olarak beylerine itaat etmeleri, namuslarını ve aileye ait olan değerleri koruyup gözetmeleri emredilmiştir.

Erkeğin ev reisi olması üstün cins olduğu anlamına gelmediği gibi, hanımların ev reisine itaat etmeleri de ikinci sınıf insan oldukları anlamına gelmez. İki kişinin yapmış olduğu bir yolculukta bile birisinin başkan olması gerektiği, bizzat

Resulullah (A.S.) Efendimiz tarafından tavsiye edilmektedir. Öyleyse, koca bir ömrü birlikte geçirecek olan eşler arasında düzensiz ve dengesiz bir hayat düşünülebilir mi?

Evlilik, sevgiye ve karşılıklı hoşgörüye dayanır. Sevginin ve hoşgörünün bittiği yerde aile de bir manada bitmiş olur.

Sevgi ve hoşgörü, aile fertlerinin birbirlerine saygılı davranmalarını ve yapacakları işlerde birbirlerinin fikrini alarak, yani istişare yaparak hareket etmelerini gerektirir. Bu sebeple hem evin reisi hem de evin hanımı, aralarındaki sevgi-saygı ve hoşgörüyü zedeleyecek sözlerden ve davranışlardan uzak durmaya özen göstermelidir.

Ailesine şefkat kanatlarını germeyen bir ev reisi ve beyine itaatte kusur eden bir hanım, bu dünyada huzursuzluk, ahrette azap ile karşılaşır.

Erkek-kadın bütün insanlar Allah'ın kullarıdır. Allah-u Teâlâ, sevgisini ve rızasını kazanma konusunda bütün kullarına fırsat eşitliği tanımıştır. Bu manada, kişinin ırkı ve cinsinin herhangi bir tesiri yoktur. Erkek-kadın, siyah-beyaz, kim Allah'ın verdiği imkânları, O'nun yolunda kullanırsa, sevgisini ve rızasını kazanır. "Muhakkak ki Allah yanında en değerli olanınız, en takva olanınızdır

"Allah'tan en çok korkanınızdır" (Hucurat/13)

Bu sebeple bir hizmetçi, takva ölçüleri içerisinde kendisine ikram edilen imkânları, Allah'ın rızası yolunda gücü yettiğince kullanırsa veli olur.

Bu hizmetçisinin patronu, hizmetçisinden daha fazla imkânlara sahip olduğu halde eğer onları gerektiği şekilde Allah rızasında kullanmazsa, hizmetçisinin elde ettiği yakınlığa asla ulaşamaz. Aynı şekilde, karı ve kocadan hangisi kendisine verilen imkânları rıza yolunda daha çok kullanırsa, o Allah'a yakın kimselerden olur.

Bütün insanların Allah katında tarak dişleri gibi birbirlerine eşit olduğu anlamındaki hadis-i şerif, Allah'a yaklaşma konusunda yukarıda bahsedilen fırsat eşitliğine sahip olduklarını bildirmektedir. Bununla birlikte insanlar, kendilerine verilen özellikler ve imkânlar sebebiyle birbirlerinden farklılıklar arz ederler. Sahip oldukları özellikler ve imkânlar bakımından birbirinin aynısı olan iki insana rastlamak mümkün değildir. İşte ailedeki vazife ve sorumlulukların dağılımını bu anlayış içerisinde değerlendirmek gerekir.

Bir aile reisi, Allah'ın kendisine yüklediği vazife ve sorumluluğu, gönül rahatlığıyla kabul edip, Allah'ın emrine devamlı itaat halinde olduğunu düşünür ve elinden geldiğince görevini ve sorumluluğunu yerine getirmeye çalışırsa, bütün gününü ve gecesini ibadetle geçirmiş sevabı alır.

Aynı şekilde bir ev hanımı, Allah'ın yaptığı görev taksimini gönül hoşluğuyla kabul edip, "Ya Rabbi! Sana ve Resulü'ne itaat halindeyim. Sen emrettiğin için ev reisi olarak beyime de itaat ediyorum" diyerek namusunu ve edebini koruduğu sürece, gecesini ve gündüzünü ibadetle geçirmiş olur.

Görevlerini bilen ve sorumluluklarını yerine getiren böyle bir aileye de Allah-u Teâlâ huzur, bereket ve iki cihan saadeti nasip eder. Dedikodu, gıybet ve eleştiriden kaçınarak bu tür iletişim hastalıklarının aile içinde yayılmasına izin verilmemelidir.

Bu türlü hataların aile içi iletişimi bozduğu unutulmamalıdır. Aynı şekilde gurur ve kibir gibi kişilik arızalarının, karşıdaki insanı uzaklaştırdığı unutulmamalı, tevazu ve hoşgörü içinde bulunulmalıdır.

SONUÇ:

İslam ahlak'ı ile beslenen bir aile her daim hoşgörü ve doğrulukla cem olmalı. Bakın hoşgörü ve doğruluk diyorum yani ailenin temel taşlarından olan hoşgörü aileyi bir arada tutar doğruluk ise o birliği daim kılar.Yaşanan ne sıkıntı olursa olsun,aile içinde halledilmeli ve yaşananlar olduğu gibi aktarılıp çözüm arayışına gidilmelidir.Ve aileyi anlamlı kılanda,muhabbetle yapılan ibadetlerdir.

Her daim evde baba varsa büyük erkek kardeş var ise cami'ye gönderin, yetişmedilerse evde cemaat ile kılınmalı. Ardından 15-30 dakikalık sahabeleri anlatan bir kitap okuyup değerlendirmelerde bulunun.

Sahabeleri anlatıp üzerinde muhabbet ettikçe, onların huy ve davranışları sizlere de geçecektir. Son olarak hak tealânın yanında çekinmeden yaptıklarınızı, O'nun kullarından da saklamayın. "Sonucu her ne olursa olsun, doğruluktan şaşmayın..."

BEN YOK! BİZ VAR
(Dostluk)

Çoğu defa hayatta kendimizi yalnız, yapayalnız hissederiz.
Birçoğumuz, çok sıkıldığımız anlarda bile, bir dostumuza
telefon açıp da "ocağa çayı koy, birazdan size geliyorum"
deme rahatlığına sahip değiliz. Veya arkadaşımıza "Bu akşam
yemeğe bize davetlisiniz" diyemeyiz. Hele hele "yarın akşam
yemeğe size geliyorum" demeyi aklımızın ucundan bile
geçirmeyiz.

Hayatta karşılaştığımız ferdi, sosyal, mesleki, hatta ailevi
problemlerimizi, canımızı sıkan bir yığın olayı, çok içten bir
şekilde anlatacak ve bizi çok samimi bir şekilde dinleyecek,
dertlerimizi paylaşacak dostlar arar durur da, fakat bir türlü
bulamayız.

Hâlbuki büyük kentlerde yaşamaktayız ve belli bir sosyal
statüye sahibiz. Etrafımızda görünüşte birçok meslektaşımız,
arkadaşımız, dostumuz ve bir yığın yakınımız, akrabamız var.
Ama onlarla münasebetlerimiz hep, bir resmiyet içinde geçer
ve daima aramızda geniş bir mesafe bulunur.

Zaman zaman candan bir arkadaşımızın, bir aile dostumuzun veya her an yanına gidip her şeyimizi anlatabileceğimiz hürmete lâyık bir büyüğümüzün olmadığını acı acı fark ederiz. Bütün bunların sebebi nedir? 21. yüzyıla girerken birçok problemine çözüm üreten insan, acaba niçin bu hayat" önemi haiz konuda ciddi" bir mesafe kat edememiştir? Bizi birbirimize karşı bu kadar resmi, soğuk ve mesafeli yapan sebepler nelerdir?

Aslında bütün bu soruların cevapları, bizim insanlarla münasebetlerimizde, söz ve davranışlarımızda gizlidir. Yani insanları hayatta bu kadar yalnız hâle getiren yine kendileridir. Eğer insanlar, hayatta öğrendikleri birçok konu için ayırdıkları zamanın belki yüzde birini, bu soruların cevaplarını bulmak için harcasalar, bunun karşılığını hayatları boyunca fazlasıyla görürler ve çok büyük ve önemli bir problemi çözmüş olurlar.

İnsani münasebetlerde, insanları birbirlerine yaklaştıran, onları çok samimi dost, vefakâr bir arkadaş, candan bir yoldaş hâline getiren birtakım altın kaideler vardır. İşte biz bu yazımızda bu kaideler üzerinde durmak istiyoruz.

Birinci Kural:

Arkadaşlarınızı, dostlarınızı, yakınlarınızı, hatta hiç kimseyi tenkit etmeyiniz. Çünkü insan" münasebetlerde tenkit çok tehlikeli bir kıvılcımdır.

İnsani münasebetler, dost kazanma gibi konularda dünyaca ünlü Amerikalı uzman Dale Carnegie bu konuda şunları anlatır: Çok gençtim. Yazarları konu alan bir yazı hazırlıyordum. Bazı yazarlara mektup yazıyor, onlardan cevap alıyordum.

Bana gelen mektupların birinin sonunda şöyle bir not vardı: "Dikte edilmiş fakat okunmamıştır." Yani mektup birine cümle cümle yazdırılmış fakat yanlışlık, eksiklik var mı diye okunmamış. Bu mektubu gönderen yazara çok özendim. Kim bilir ne kadar meşguldü ve şüphesiz ne kadar önemli bir insandı.

Bu nottan öyle etkilendim ki, bir zamanlar Amerikan edebiyatının ünlüleri arasına girmiş olan Richard Harding Davis'e yazdığım mektubun sonuna aynı notu ekledim: "Dikte edilmiş fakat okunmamıştır.

" Böylece ben de önemli ve çok meşgul birisi olduğumu anlatmış oluyordum. Davis'ten cevap olarak benim yazdığım mektup geldi. Davis küçük bir not ekleyerek mektubumu iade ediyordu ve bana "Terbiyesizlik yolunda kendinizi geçmişsiniz" diyordu.

"Davis tamamen haklıydı. Belki az bile söylüyordu. Fakat neticede bana hakaret ediyordu ve ben bir insandım. Davis'in bu hareketini, haksız ve hatalı olan ben olduğum hâlde, hiçbir zaman affetmedim.

Onun ölüm haberi duyulduğunda pek çok insan üzülürken, benim hissettiğim, itiraf ederim ki yalnızca yıllar önce işittiğim hakaretin acısıydı. *"İşte siz de ölünceye kadar devam edecek bir kırgınlık meydana getirmek istiyorsanız, hemen haklı veya haksız acı bir tenkide girişiniz."*
İnsan kupkuru bir mantıktan ibaret değildir. İnsan daha çok hissi bir yaratıktır.

Gururu, nefsin istekleri, peşin hükümleri, doğruluğuna kesin olarak inandığı dogmaları vardır.

İnsanlarla münasebetlerimizde asla unutmamamız gereken gerçek budur.

Çok tehlikeli bir kıvılcımdır tenkit. Bir kıvılcım, bir barut fıçısından farksız olan insan gururunu anında infilâk ettirebilir. Ve böylece biz, en kıymetli dostlarımızı, arkadaşlarımızı, yakınlarımızı kaybedebiliriz. İnsani münasebetlerde çok başarılı olan Benjamin Franklin`e başarısının sırrı sorulduğunda bunu şöyle cevaplandırmıştı:

"Her değersiz adam, durmadan tenkit eder. Durmadan şikâyet eder. Durmadan suçlar. Ben hiç kimsenin kusurundan, kötülüğünden bahsetmedim."

Benjamin Franklin

Herkesin iyi tarafları vardır. Ben hep o iyi tarafları anlattım. Benim başarımın en önemli sırrı budur. Netice olarak, başkalarını suçlamak, tenkit etmek yerine, onları anlamaya çalışmak, çok daha faydalıdır. İnsanların niçin, hangi sebeplerle, tenkidini düşündüğümüz şekilde davrandıklarını kavramaya çalışmalıyız. Bu yol, tenkitten çok daha tesirli ve yapıcıdır.

İnsanlar arasında sarsılmaz bir sevgi, kardeşlik, dostluk, arkadaşlık, hoşgörü, nezaket ve zerâfet olması, insanların birbirini durmadan tenkit etmesiyle değil, anlamaya çalışmasıyla mümkündür.

İkinci Kural:

İnsanları takdir ediniz, onlara önemli bir kişi olduklarını hissettiriniz, onlara yalana kaçmadan iltifatta bulununuz. Ünlü düşünür John Dewey, insanlardaki en önemli duygulardan birinin, önemli olma arzusu olduğunu söyler.

Fakat ne yazık ki uyku ve gıda kadar ihtiyaç olan önemli olma arzusu, uyku ve gıda kadar kolay tatmin olmaz. Samimi bir takdiri, iltifatı hangimiz özlemeyiz? Hangimiz bulduğumuz zaman reddederiz.

Yıllar önce çok sevdiğim ticaret adamı bir ağabeyimiz bana, "hocam, arkadaşlar yanıma geliyorlar, `ağabey sen şöylesin, sen böylesin` diye bir yığın takdir edici sözler söyleyip, çok tatlı iltifatlarda bulunuyorlar.

Ben bu arkadaşların bana iltifat ederken saydıkları vasıfların, özelliklerin bende olmadığını adım gibi biliyorum fakat yine de hoşuma gidiyor" dedi. Evet, yapmacık olmayan, samimi" bir takdirden, bir iltifattan hoşlanmayacak kimse yoktur. Güzel sözler duyma, takdir edilme, önemli, değerli bir insan olma arzusu; insanın içini kemiren açlıkların, susuzlukların en şiddetlisidir.

Bazı insanlar bu arzuya esir olmadan iradelerini kullanarak kendi yerlerini bilirler, fakat büyük çoğunlukla insanlar bu arzunun tuzağına düşüp kendilerine yapılan ve gerçek olmayan abartılmış iltifatlara mağlup olurlar.

Dostlarımızı bu şekilde aldatmaya da hakkımız yoktur. Onları hakikaten kendilerinde olan güzellikleri için veya haklarında hüsnü zannımız olduğu takdirde, yerinde iltifatlarla meşru şekilde met etmeliyiz. Aksi takdirde riya ve dalkavukluk gibi insana yakışmayan davranışlara girmemiz işten bile değildir.

İyi insan olmak isteyen fakat bir türlü fırsatını ve ortamını bulamayan insanların, küçük de olsa iyi yönleri varsa, bu yönlerini kuvvetlendirmeleri için onların yüzüne karşı iltifat etmek daha faydalı olur.
O kişinin takdir edilmesi kendine olan güveni artıracak

"demek insanlar iyi yönlerimin de farkına varabiliyorlarmış"
diyerek, daha iyi olmaya gayret edecektir. Bazı bilim
adamlarına göre, yaşadığımız dünyada önemli olma fırsatı
bulamayanlar, kendilerine ayrı bir dünya kuruyorlar ve o
dünyada çok önemli birisi olarak yaşıyorlar.

Dale Carnegie, sahasında otorite olan bir doktora soruyor:
İnsanlar neden deliriyor? Doktor şöyle cevap veriyor: Hiç
kimse bunu tam olarak bilemez, ancak, çoğunun gerçekler
dünyasından kaçarak, önemli oldukları bir dünyaya göçtükleri
muhakkak.

ABD'de çelik üretimi konusunda ondan çok daha bilgili
insanlar varken, niçin Schwap'a yılda bir milyon dolar maaş
veriyorlardı. Çünkü Schwap, insan idare etme sanatının
ustasıydı. Schwap diyor ki: Ben insanlara heyecan
verebiliyorum. İnsanın yeteneklerini geliştirmesi ve
kullanabilmesi, takdir ve teşvik edilmesine bağlıdır.

Yöneticilerinin tenkitleri kadar, insanın çalışma ve başarma
aşkını ve şevkini öldüren bir şey yoktur.
Ben insanlara hız vermek için onları överim. İnsanlarda kusur
bulmaktan nefret ederim.

Beğendiğim bir şeyi takdir etmekte asla gecikmem. Bundan da
büyük bir zevk alırım. Şimdiye kadar ünü, makamı ne olursa
olsun tenkit yerine, iltifat duyup da daha çok gayrete gelmeyen
hiç kimse tanımadım.

Üçüncü Kural:

İnsanlara karşı gülümseyiniz. Yüzünüzü ekşitmeyiniz.
Peygamber Efendimiz (sav) in tavsiye ve davranışlarından
birçoğu dost kazanmanın pratik ölçülerini vermektedir.

Daima mütebessim ve huzur veren bir çehre ile insanların
arasında bulunan, üzüntülü olsa bile yüzünü ekşitmeyip ancak
mahzun duran bir Nebinin ümmeti olan bizler, maalesef
sokakta, okulda, otobüste hep suratımız asık ve her an
patlayacakmış gibi geziyoruz.

Dördüncü Kural:

İnsanlara karşı cömert olunuz. Küçük menfaatlere tenezzül
etmeyiniz.
Cömertlik ve eli açıklık en önemli vasıflarınızdan biri olsun.
Bu sizi asla fakir yapmaz ve sizin iktisatlı yaşamanıza bir
eksiklik getirmez. Bir çay içirmekle, bir yemek yedirmekle
çok gönüller fethedebilirsiniz; bir çay içirmekten kaçarak,
insanlar arasında pinti diye anılmakla da çok insanı
kaçırabilirsiniz.

Beşinci Kural:

İnsanlara karşı açık ve doğru sözlü olunuz, fakat bu sizin her
doğruyu, hem de katı ve kırıcı bir üslûpla söylemenizi
gerektirmez.İnsanlara karşı ikiyüzlü davranmayın, açık ve net
olarak düşüncelerinizi yumuşak ve sakin, mümkünse
mütebessim bir şekilde söyleyiniz.

Söyleyecekleriniz arkadaşınızın küçük düşmesine sebep
olacak bir davranışı ise ve onun pişmanlığını hissettiniz ise
söylemeyin ve Allah (cc)'ın Settar ismine uygun davranın.
Eğer bu kötü davranışını düzeltmesini istiyorsanız, kimsenin
olmadığı bir yerde onu üzmemeye ve kırmamaya çalışarak,

hattâ özür dileyerek ikaz etmeye bakın.

Netice olarak arkadaşlarımızı, dostlarımızı, yakınlarımızı, hattâ hiç kimseyi tenkit etmeyelim. İnsanları daima takdir edelim, onlara önemli bir kişi olduklarını hissettirelim ve sevdiklerimize iltifatta bulunalım.

Daima mütebessim ve güler yüzlü olalım, cömert davranalım, selâmı eksik etmeyelim. İşte o zaman çevremiz her şeyini bizimle paylaşmaktan mutluluk duyan dostlarımızla dolacak ve biz onların gönüllerinde daima seçkin bir yere sahip olacağız.

Hz. Ali'nin dostluk için söylediği sözler

"Her şeyin hayırlısı yenisidir; fakat dostun hayırlısı eski olandır."

"Birçok kimseye dostluk gösterdim, onlardan bir karşılık görmedim, yine de dostluktan vazgeçmedim."

"Hakiki dost, sıkıntı zamanında imdada yetişendir."

Dostların kalbini kırmakla düşmanların arzularına hizmet etmiş olursun."

"Menfaate dayanmayan dostluktan başka bütün dostluklar geçidir."

SELAM VERELİM, TANIMASAKTA!

Selam nedir?
Sadece insanların birbirini gördüğünde verdiği bir kaç güzelleştirilmiş Arapça sözlerden mi ibaret? Yoksa bir takım örf ve adetlerimiz yerini bulsun diye mi kullanırız? Ya da sadece tanıdıklara mı verilir?

İnsanlardan selâmı esirgemeyiniz. Selâmla girdiğiniz bir yerde ve bir toplulukta size karşı olan peşin hükümler ve kötü bakışlar birden değişecek ve ortalık yumuşayacaktır. İnsanların gerilimi ve atmosferin sıkıntısı rahatlamaya dönüşecektir. Kırıcı konuşma yapmaya hazırlananların süngüleri düşecektir.

Selam; emniyet, selamet, barış, rahatlık, kurtuluş gibi manalara gelir. Selam vermek, bir kimseye yapılacak en güzel duadır.

Selam, Ben Müslüman'ım, benden sana zarar gelmez, selamettesin) manasına, selamet üzere ol, Müslüman olarak öl manalarına da gelir. **Selam** vermek sünnet, almak ise farzdır. Selam verirken, selamın sünnet olduğunu düşünmeli ve o kimseye dua etmeye niyet etmelidir!

Sünnet olduğu düşünülmeden, alışkanlık halinde, şuursuzca selam verilince, sevap olmaz. Bir yere girerken de, çıkarken de selam verilir. Dinimizde selamın önemi büyüktür. Hadis-i şeriflerde buyruldu ki:

(Bir yere, bir meclise giren, oradakilere selam versin.
Oradan kalkıp giderken yine selam versin.)

[Tirmizi]

SİZİN İÇİN ÇABA HARCAYANLARDAN, SELAMINIZI EKSİK ETMEYİN.

Her sabah, sokağa çıktığımız da bizim yollarımızı, caddelerimizi, park ve bahçelerimizi, kısacası bizim geçtiğimiz yerleri temizleyen, temizlik görevlerimize "günaydın, hayırlı sabahlar, kolay gelsin" demek çok mu?

Verdiğini selam ile ne siz küçülürsünüz, nede temizlik görevini yapan görevlimiz büyür. Sadece ona insan olduğunu, Toplum arasında onunda yerinin olduğunu belirtmiş, gönlünü kazanmış oluruz.

Asker, polislerimiz nöbetteyken onlara selam vererek, vatan için canı pahasına çaba harcamasına "hayırlı nöbetler" diyerek hem onu önemsemiş hem de gönlünü kazanmış oluruz.

Semtimizde bulunun, manav, kasap, tuhafiye, bakkal gibi esnaflara selam vermek, onlarla olacak olan diyaloglarımıza zemin hazırlar ve bu diyalogları daimi kılar.

VERDİĞİMİZ SELAM İLE SELAMETE ERDİK

Yıl 2009'un şubat'ı, ziyarete gittiğimiz Van Erciş'teki yakınlarımızın evindeydik, akşam yemeğini yedik ve şöyle turlamak için ova çıktık. Ovayı gezdikten sonra hızlıca dönerken, otoyolda bekleyen jandarma görevlileri bizi görüp işkillendi, ardından hızlıca Araçları üzerimize sürüp 20 metre ötemizde durdu ve ellerinde g3 piyade tüfekleriyle inip seri bir şekilde siper aldılar. Komutanın attığı her adımdan korkmaya başladık çünkü arkasında 25 kişilik ekip onun emrini beklemekteydi.

Şehirde polislerle içli dışlı olduğumuz için jandarman o rahatlığı göremedik. Neyse biz şehirden gittiğimiz için jandarma ile diyalogumuz neredeyse sıfır, hiç olmadığı için bilmiyoruz.

Arkadaşım hareketsizdi ve bana bakıyordu, ardından bende komutana yürüyecektim ki, komutan adımlarını uzunca açıp bize 8-9 metre kadar yaklaştı ve askerlerde peşinden geldi. Böylelikle her iki tarafta birbirinin yüzünü görmüş oldu. Kar yağdığından üzerimizde ki mont ve kabanlar bembeyaz olmuştu, altına giydiğimiz pantolonda kamuflaj a benzer olduğu için tuhaf bir görüntü vermişti.

O zamanlar terör olayları arttığı için jandarma kuvvetleri teyakkuzda lar mış, bizi görünce de herhalde terörist sandılar. Komutan bağırdı yere yatın ve diz çökün!(Dedim herhalde film setindeyiz ve dizilerde alışkın olduğumuz repliği kullanıyor, sonra sağıma soluma bakıyorum yok her şey gerçek).Ardından ikinci bir uyarı daha geldi ve arkadaki askerlerin nabzı atmaya başladı herhalde bakışları birden sertleşti. Nerden geldiyse içime bir cesaret geldi ve komutana doğru adım attım.

İkinci, üçüncü adım derken bir 5 metremiz kalmıştı ve komutan son kez uyardı "elini başının üstüne koy ve yere yat..." Son adımımı attım, komutan sağ elini kaldırdı, herhalde vur emri verecekti(aman Allah'ım hiç inanasım yok sanki film izliyor gibiydim).O an ilk aklıma selam geldi.
Askerler parmaklarını tetiğe dayamışken bir ses çıktı benden;

"Selamun aleyküm komutan ağabey..."

 işte orda durdu komutan ve bağırdır

"herkes silahını indirsin" ve yine tekrarladı;

"herkes silahını indirsin, (sert ve gür sesle)

Bende bu boşluğu fırsat bilip, yanına gittim, kolay gelsin

komutan abi, biz eve gidiyorduk inşallah yolunuzdan etmemişizdir... Komutan tok bir sesle;

''Yahu çocuklar gecenin bu saatinde ne işiniz var az kalsın terörist diye indirmiştik ikinizde, necisiniz kimlerdensiniz'' dedi.

Bende rahat bir ses tonuyla;
"ziyarete geldik buraya bizim aşiretten akrabalar var onlara, bir aşağı köyden dilâver ağa'nın yeğeniyim''

diyince, komutan tebessümlü bir ifadeyle

"Gelin biz bırakalım sizi'' dedi. Bende içimden *(Bak sen Allahın işine üç dakika önce az kalsın, alnımıza yiyecektik mermiyi oturacaktık aşağı, ne iyi etimde selam verdim)*

Deyip düşünürken komutan sordu; *"korktunuz mu bizden"* deyince, arkadaşım atıldı *"Evet komutanım ben bir an düşüyordum''* diyince komutan güldü ve şöyle dedi;
''Ya çocuklar kusura bakmayın bir an öyle görünce, bizde de refleks olmuş.''

(Benim burada aklım gitti, vurulmadan ölüp ölüp dirildim, gelmiş komutan kusura bakmadan bahsediyor). Neyse ki geldik. Araçtan inerken merak edip sordum;

"Komutan ağabey, o kadar vurmaya niyetlenmişken neden hemen indirttiniz silahları? Niye hemen bu kadar hızla caydınız? " diyince komutan; *"Bak genç, bu güne kadar birçok kez bu durum başımıza geldi ve hepsini kurduğu ilk cümle "bizi vurmayın bizde burdanız, köylülerdeniz vs." dediler, tabi bu caydırıcı değildi biz gene onları yere yatırıp üzerlerini aradık ancak ilk defa aynı durumda olupta Allahın selamını veren sizlersiniz.*

*Bu selamın anlamını ve değerini herkes bilmez, bilse de
sürekli kullanmadığı için o anki korkudan unutur. Ama sizler o
anda bile ilk selamla yaklaştınız, bu demek oluyor ki her
zaman selam veren, alan insanlarsınız, yani imanlı bir yüreğe
sahipsiniz. Sizden bize zarar gelmeyeceğini anladığım için
hemen caydım,* dedi.

Ardından kapıya bizi karşılamaya gelen dilâver dayımı gören
uzaktan el salladı ve tam araca binerken Aleyküm selam deyip
kapıyı kapatarak uzaklaştı. Burdan ders çıkarmam gerekirse,
bence en faziletli işlerden birisi selamı silimize pelesenk
etmek.

Fettah TANDOĞAN / 2009 VAN GÜNLÜĞÜNDEN

İKİ SİMİT PARASINA CENNETİ GARANTİLEMEK

Günün son dersinin sonuna gelinmişti. Öğrenciler çıkmak için sabırsızlanıyordu. Defter ve kitaplarını çantalarına koydular. Zil çalar çalmaz, dışarı çıkmak için hazırdılar.

Yalnız, Ali hazırlanmamıştı. Gecikmek için de elinden geleni yapıyordu. Nihayet zil çaldı. Öğrenciler bir anda kapıya yöneldi. Ali, yerinden kalkmadı. Ağır ağır eşyasını topladı. Bir yandan göz ucuyla öğretmenine bakıyor, bir yandan da arkadaşlarının gitmesini bekliyordu.

Öğretmeni, onun bu halini fark etti:
- Hayrola Ali, dedi. Eve gitmeyecek misin?
Ali, son arkadaşının da çıktığını görünce cevap verdi:
- Sizinle konuşmak istiyordum öğretmenim.
- Peki, dedi öğretmeni. Ne söyleyeceksin bakalım?
- Ahmet arkadaşımız var ya...
- Evet, ne olmuş Ahmet'e?
- Durumları pekiyi değil galiba. Annesi, beslenme çantasına pekiyi
şeyler koymuyor.
- Eee?
- Ona yardım etmek istiyorum. Ama benim yardım ettiğimi bilirse üzülür. Günde bir simit parası biriktirip her hafta size versem, sizde ona verseniz?
Cebinden bir avuç bozuk para çıkarıp öğretmenin masasının üzerine koydu.

Nurhan Öğretmen, paraya dokunmadı. Sandalyesine oturup düşündü. Ali hakkındaki bilgilerini yokladı. Bildiği kadarıyla ailesinin durumu pekiyi değildi. Bu çalışkan ve sevimli öğrencisi, ne kadar da iyi niyetli ve düşünceliydi. Zengin bir ailenin çocuğu değildi.

Buna rağmen yardım etmek istiyordu.

Üstelik yardım ettiğinin bilinmesini istemiyordu.

Nurhan Öğretmen:

- Dur bakalım Ali, dedi. Bildiğim kadarıyla sizin de maddî durumunuz pekiyi değil. Yanlış mı biliyorum?

- Doğru biliyorsunuz öğretmenim. Babam gündelikçi. Çoğu zaman iş bulamıyor. Ama ben de çalışıyor, para kazanıyorum.

- Nerede çalışıyorsun?

- Simit satıyorum.

Nurhan Öğretmen yine durup düşündü. İyiliğin bu kadarına ne demeliydi şimdi? Bunun gerçekleşmesi zordu. Onu, bundan vazgeçirmek için bir çare bulmalıydı. Bunu yaparken, sevimli öğrencisini de kırmamalıydı. Onunla biraz daha konuşursa, belki bir yolunu bulurdu. Nurhan Öğretmen, Ali'ye döndü:

- Büyüyünce ne olmak istiyorsun, diye sordu.

- Çok zengin bir işadamı...

- Niçin?

- İnsanlara daha çok yardım etmek için...

- Güzel, dedi Nurhan Öğretmen. Bak simdi Ali, Ahmet'in ailesinin durumu pekiyi değil, bu doğru. Ama sizinki de bundan pek farklı değil. İstersen acele etme. Çok zengin olduğun zaman insanlara yardım edersin. Olmaz mı?

- Olmaz, dedi Ali. Şimdi yapmalıyım.

- Neden olmaz?

- Üç sebepten dolayı olmaz.

Birincisi: Bu para zaten benim değil. İyilik ettiğim için Allah, beni insanlara sevimli gösteriyor. İnsanlar da bundan etkileniyor, daha çok simit alıyorlar.

Bu sayede gün boyu çalışanlardan bile fazla simit satıyorum. Hele mahallede Hasan Amca var, her gün iki simit alıp güvercinlere veriyor.

İkincisi: 'Ağaç yaş iken eğilir.' deniliyor. Şimdiden iyilik yapmayı öğrenmezsem büyüdüğümde hiç yapamam. Şimdiden iyilik yapmayıp bunu zenginlik günlerime ertelersem, zengin olduğum günlerde de daha zengin olduğum günlere erteler kendimi kandırmış olurum.

Üçüncüsü ise daha önemli: Büyüdüğüm zaman çok zengin bir işadamı olmak istiyorum. Zamanında yatırım yapmayanlar büyük işadamı olamazlar.

Nurhan Öğretmen, karsısında büyük biri varmış gibi dinliyordu:
- Bu sonuncusunu pekiyi anlayamadım, dedi.
- Açıklayayım öğretmenim, dedi Ali. Şimdi, çok zengin olmadığım için, ancak günde bir simit parası kadar yardım edebiliyorum. Bundan fazlasını veremem. Allah, Cennet'i gücü kadar iyilik edene veriyor. Şimdi gücüm bu olduğuna göre, Cennet'in fiyatı birkaç simit parası kadardır. Eğer zengin olmadan ölürsem birkaç simit parasıyla Cennet'e girebilirim. Bundan daha karlı bir yatırım olur mu?

Nurhan Öğretmen'in gözleri dolmuştu. Başını 'Evet' anlamında sallarken Ali'yi evine yolladı.
Sınıfa geri dönerken okulun boşaldığını fark etti. Eşyalarını toplamak için masasına döndüğünde Ali'nin bıraktığı paraların masa üstünde kaldığını fark etti. Sandalyesine gayri ihtiyari oturdu ve paraları eline aldı.
Hiçbir para ona bu kadar kıymetli gelmemişti. Sanki elinde dünyanın en kıymetli incilerini, yakutlarını, elmaslarını tutuyordu. Hatta bu paralar onlardan bile kıymetliydi. Bu paralar, bu bozuk SIMIT paraları, Cenneti satın alabilecek paralardı. Sanki hiç bırakmak istemeyen bir duygu ile sımsıkı kavradı bu bozuk simit paralarını.
Oturduğu yerden kalkamadı Nurhan Öğretmen. İçinin dolduğunu, Tarif edilemeyen duygulara boğulduğunu hissetti. Birden boşalan sağanak yağmurlar gibi ağlamaya başladı.
Ağladı... Ağladı... Ağladı.
Kendine geldiğinde aksam olmuştu.

Yavaş adımlarla sınıftan çıkıp okuldan ayrılırken bekçi Sadık 'Bozuk Simit paraları ile cenneti satın almak, Bozuk Simit paraları ile cenneti satın almak' diye Nurhan öğretmenin sayıkladığını duydu. Bekçinin hayretler içinde, 'Ne dediniz hocam?' demesini bile duymayan Nurhan öğretmen, bekçinin şaşkın bakışları altında akşamın alaca karanlığına karışıvermişti

Hikâyeyi beğenmişseniz ve Ali'den utanmışsanız, maddi durumunuz iyi değilse bile, iki tane ekmek alıp bölgenizdeki bir fakirin kapısına bırakın.

Bir okul önünde biraz bekleyip yırtık ayakkabısı olan bir çocuğa ayakkabı alın.

Maddi ihtiyacı olan bir akrabanıza yardım edin.
Yeter ki boş durmayın!

" Ekmeği paylaşmak ekmekten daha lezzetlidir.

SOSYAL PSİKOPAT MEDYA

(Dipnot: Bu yazıda konuşma dili kullanılmıştır. Kelimeler arasında yazım hatası bulunmamaktadır.)

Sosyal medya diye başlıyoruz bakalım neymiş bu sosyal olan medya? Nedir ne değildir, kime hizmet eder, zararı ya da yararı nedir, bizlerin hayatındaki rolü, amacı nedir bir öğrenelim.

Sosyal Medya Nedir?

Sosyal medya adının başında bulunduğu gibi "sosyal" ve "sosyalliği" tasvir etmekle beraber buna "medya" eklenince bu sosyallik sadece medyaya bağımlı kalıp tamamıyla soyut bir olguyu ifade eder.

Peki, Neden İhtiyaç Duyuluyor?

Kalabalık şehirlerde milyonlarca kişi bir arada yaşadığı hâlde, kalabalık okullarda yüzlerce öğrenci her gün görüşmesine rağmen neden sosyal medya bu şekilde yaygınlaşıyor? Acaba fertler, sosyal hayata tam olarak entegre olamıyor mu? Fertler kendi çevresinden hakiki mana da sosyo-psikolojik destek alamıyor mu? Bu probleme yol açan sebepler şu şekilde sıralanabilir: Yalnızlık, zaman taksiminin olmaması, ferdiyetçiliğin(bencilliğin) artması, teknolojik imkânların yaygınlaşması; kapitalist mana da kişiler oluşturma, insanların şahsî bilgilerine ulaşma, insanların tüketim alışkanlıklarını belirleyip, ona göre mal ve hizmet üretme isteği; maneviyat eksikliği ve aile içi çatışmalar…

Gerçekten sosyalleşme oluyor mu?

Gerçek hayatta hiç karşılaşmadığımız ve karşılaşmak istemediğimiz birçok kişi, kişiler bu ağlar üzerinden bize ulaşabilir.

Hatta hiç sosyal çevresi olmayan kişiler bile yüzlerce kişi ile sosyal medya ağları üzerinden arkadaşlık kurabilir ve bu arkadaşlıklar ekrandaki bilgilere göre gerçekleşir. **Görülen fotoğraf, bilgi ve sunuma göre arkadaşlık hakkında karar verilir. Bazen verilen bilgilerin tamamen tersi bile olsa, kişinin ekranda kendini sanal tanıtım becerisi ne kadar iyiyse arkadaş sayısı da o kadar artar.** Bakın bir önceki cümlelere dikkat edin ve iyi okuyun.

Bu şekilde kurulan arkadaşlıklar, isterseniz bir tuşa dokunmakla bitirilebilir. **işte sosyal medyanın arkadaşlığı samimiyeti bu kadar.** Yapılan bunca şey gerçekten sosyalleşme midir? Bu soruya birçok uzman "hayır" cevabını verdi. Çünkü yüz yüze diyalogun sosyal hayattaki yerini hiçbir şey tutmuyor ve tutmayacak da.

Ayrıca ekranda gerçek kişi ile değil sanal kişilerle karşı karşıya geliyoruz. Erkek bir kişi kendini kadın, yaşlı birisi de kendini genç olarak tanıtabilmekte. Böyle bir sanallık ihtimaline rağmen, arkadaşlık halen o ortamda devam ediyor. Yani bildiğimiz halde bu riske göz yumuyoruz (bravo).

Zaten belli bir süre sonra farkına varabilirseniz, sanal ortamda ki sosyalleşmenin size sanal bir mutluluktan öte bir şey katmadığını anlayacaksınız.

Sürekli gazetelerde, sanal ortamda intihar edeceğini ilân eden, ancak yüzlerce arkadaşı olduğu hâlde imdadına yetişen bir tek kişi olmadığı için ölen kişilerin hayatını öğreniyoruz. **Demek ki yüzlerce sanal bağlantı olması, bir tek gerçek dostun yerini bile tutmuyor.**

 Kişinin jest ve mimiklerini görmeden, ses tonu ve hissiyatının farkına varmadan sadece harf ve resimlerle oluşan bu bağların, zaten kuvvetli olması da beklenemez. Hususen gençlerin bu arkadaşlıklara çok büyük ehemmiyet verdiğini görüyoruz.

Bu süreçte uzun saatler, çoğu zaman incir çekirdeğini doldurmayan konulara harcanmaktadır. En değerli ve kendini yetiştirme açısından "altın zaman dilimi" olarak adlandırılan bu dönemin, boş şeylerle harcanması son derece tehlikelidir. Sınıf tekrarı yapan hattâ okul ile münasebeti kesilen binlerce öğrenci arasında "yanlış teknoloji kullanımı" problemini yaşayanların sayısı giderek artmaktadır <Bu kısmı tekrarlayın.

Maksat eğlenmek ve vakit geçirmek mi? Yoksa gerçekten sosyalleşmek mi?

Ekran karşısında vakit geçiren kişilerin harcanmaya müsait çokça vakti olduğu düşünülebilir. Kitap okumak, ders çalışmak, ibadet etmek, aile fertleri ile diyalog kurmak, kendini geliştirmek gibi faydalı işler varken, sosyal ağlarda saatlerini harcamak ne kadar doğrudur? Tabi sosyal medyada bizi hayranlarımız bekliyor, bizi sürekli takip eden her paylaşımımızı **"like"** eden hiç görmediğimiz ama kardeşimizden öte yakın bildiğimiz sıkı hayranlarımız varken kim uğraşır, **kişisel** gelişimle, **kitap** okumakla, **araştırma** yapmakla ve tabi **İBADET** etmekle...

Bu sorunun cevabını çok samimi bir şekilde vermemiz gerekiyor. Sadece vakit geçirmek için bu şekilde bir yol bulunuyorsa, bu başkalarının vaktini çalmak manasına gelir.

Tanıtım ve kendini sunma hevesini bu şekilde tatmin etmeye çalışan kişilerde çeşitli psikolojik problemler de ortaya çıkmaktadır. Sürekli bir fotoğraf paylaşma çabası, beğenilme, hakkında konuşulmasını istemek vs. gibi.

Sanki Facebook'a, Twitter'a, İnstagram'a sürekli fotoğraf atmazsak maaşımızdan kesecekler, işten kovacaklar, sürgün edecekler. İlla ön kamerayı kullanıp bir takım anlam yüklenmemiş, anlık çekimle kameraya yansımış fotoğraf paylaşıcaz ve o anlamsızca çekilen fotoğrafa "saçmalarken" diye de açıklama ekliycez. Saçma olduğunu bildiğimiz halde...

Bunları artık her 10 gençten 4'ü yapar oldu. Ve belki bizde o 4'ün içindeyizdir? Olamaz mı? Olur, çünkü bu bize de artık normal gelir oldu ama olmasın! Çekilen her fotoğraf, verilen her poz ilerde karşınıza çıkacaktır. Bu gün genç olduğumuz için laylaylom havasındayız ve bizi küçük düşürmez peki ya ilerde bu fotoğrafları başkası görürse utanmaz mıyız? Pişman olmaz mıyız? O zaman şunu iyi okuyun çünkü bunu ben değil

Facebook yöneticileri diyor; **Sosyal iletişim ağlarında paylaşılan hiç bir fotoğrafın silinmediği, bir milyara yakın kullanıcısı olan Facebook'un her üyesinin son 90 günde sörf yaptığını web sitelerin kaydettiğini kendi yetkililerinin itirafı sonucunda anlaşılmıştır.** Yani biz ne kadar silsek de sadece görünür kısmında olanı siliyoruz, diğer tarafta bu resimleri her 90 günde yenileyip dosya halinde ana merkeze göndermektedir.

İlerde atacağımız her ideal adımın önünü kesmek isteyenler bu vasıta ile bizim geçmişimize ulaşıp gerekirse şantaj yapmaktan dahi kaçınmayacaktırlar. Ne komik değil mi, bu gün çek kendi iradenle paylaş ve bir gün çıkıp gelsin de yüzüne vurulsun. Bide bunu şevkle yapıyoruz, sırf hayran kitlemiz görsün de beğeni toplayayım diye. Aynı şekilde durum güncellemelerimizde kayıt altına alınmakta ve veri tabanına işlenmektedir.

Facebook ve Twitter'da asması da, kesmesi de, yakması da, yıkması da, lafla peynir gemisinin yürütülmesi de kolaydır ancak paylaştığımız her durum dakika dakika kayda alınmaktadır. Aynı şekilde bu sözlerimizde ilerde karşımıza çıkma olasılığı yüksektir.

Buna binaen ölçülü ve usturuplu paylaşımlardan yana olmalıyız ki ilerde, bu gün kurduğumuz "isyankâr" ve "anarşik" sözler başımızı yakmasın. Bu gün bir genç için Twitter'da gerek bir ideolojiye gerek bir topluluğa gerekse hükümete laf sallamak, hakaret etmek, suçlamak, iftira atmak iki tık ötesinde olmakla beraber o gencin ateşini almaktadır.

Oysa 3-5 beğeni için ne hakarete nede övgüye hiç gerek yok. Zaten her ne kadar isyan etsen de bir şey yapmayacağın ayan beyan ortadadır. Hararetli paylaşımlar yapacaksın da ne değişecek? İdeolojiler mi? Kişiler mi? Yoksa sistem mi?

Kusura bakma ama hiç biri. Her şey aynı şekilde devam edecek ve saat 12'ye geldiğinde ailenden bir ihtar alacaksın "hadi yat uyu" diye ve sende kamaşmış gözlerinle, yorgun zihninle beraber yatağa gireceksin. Tavana gözlerini çakamadan çoktan uyumuş olacaksın. Sabah uyandığında gene mevcut sistem değişmemiş olacak ve sende, sistemde aynı ilerleyeceksin.

Yapılan sadece klawye otoritesidir ve yapılan tek şey, içimizdeki sitemi, öfkeyi, nefreti bu portal da paylaşıp rahatlamaktır.

Zaten biz durum paylaşmazsak nice olur bu ülkenin bu insanların hali dimi? Ama yok illa bir takım şeyleri eleştiricez ya mesela futbol...

O oyuncu öyle değil böyle oynuycaktı bak gör o zaman nasıl kazanıyorduk, o hakem nasıl öyle davranır ben olsam öyle yapardım böyle yapardım demesi kolay.

Kızlarımızın da yaptığı gibi filanca dizinin filanca başrolündeki erkek o kızı nasıl terk eder ahh o kızın yerine ben olsam, bak gör napıyorum ona, diyerek sürekli bir eleştiri halindedirler.

Peki buyrun meydan sizin,tutan mı var.Buyrun maça dahil olun atın o golü buyrun diziye gösterin o aktöre gününü..Ama yok hepsi kuru bir eleştiriden ibaret ve boşa geçen zaman.Hani derler ya "bekara karı boşamak kolay"diye işte o hesap.Artık bu üslüptan çıkıp biraz farkındalık üretmek gerek,yeni olan fikirlere,faydalı olan bilgilere yelken açmak gerek.Bırakalım artık bu kuru gürültüleri beğeni için atılan aşk,anarşist,eleştirel sözleri.

Bu sözlerin iki kaynağı vardır;
Birincisi paylaşılan sözleri kişi kendi üretirde paylaşır, ikincisi **copy and past** yapar. Üreten kişi, az çok ürettiği sözü yaşamıştır ya da tecrübesi vardır.

Kopyala yapıştır yapan ise sürekli başkalarına bağımlı kalıp, gördüğü sözleri kendisine uyarlayıp "aa bu sözler beni anlatıyor" deyip paylaşmasıdır. Söz üretme kabiliyeti olan kişi sanal âlemden çekilip bir kâğıt kalem aldığında çok güzel işleri başaracağı şüphesizdir.

Sosyallik adına ahlak perdelerine zarar verdik!
Sosyal ağlarda ahlâkî açıdan hiç uygun olmayan birçok durumun oluştuğu, kadın erkek münasebetindeki sınırların aşıldığı ve aşındığı bilinen bir gerçektir.

Zihin kirliliği

Bazı araştırmalara göre, modern teknolojinin, insan hayatına getirdiği yenilik ve kolaylıkların yanı sıra, kişinin zihnî meşguliyetini artırdığı gösterilmiştir. Lüzumsuz birçok konuyu öğrenmek zorunda kalıyoruz.

Daha çok görmeye dayalı olan bu dijital sosyal ağların, hafızamızda kirlilik oluşturduğunu, sözlü öğrenme becerimizin zayıfladığını, unutkanlığı artırdığını, dinleme becerimizi bozduğunu, empati kurmamızı azalttığını, zihnimizi sürekli meşgul ettiğini ve (gelen mesajlar, iletişimler ve gereksiz diyaloglarla) bize verdiği büyük zararı biliyor muydunuz?

Bilmiyordunuz çünkü bilseniz de önemsemezsiniz. Belli başlı bağımlılık olduğundan gözümüz körelmiş ve zararı bile hoş karşılar olmuşuz. Hepimizin bu süreci, çok iyi kontrol etmesi gerekir. Ayrıca sözlü anlatım şekilleri, bu ağlarda bozulmaktadır. Sürekli klavye karşısında yazışma yapan gençler, gün geçtikçe daha kısa, bazen argo, Türkçeden uzak bir dil kullanmaktadır.

O kısaltılmış ve Birkaç harfle yazılan argoyu hemen hemen her Facebook ve Twitter kullanıcısı bilir. Belli bir süre sonra klavye dili, konuşma diline de yansımaktadır.
Hızlı olması için az ve kısa konuşma şeklinin tercih edildiği bu yazışmalarda, dil giderek kötüleşmekte ve kişinin sözlü ifade kabiliyeti körelmekte. Bunun önüne geçmek için yazışma yapacağımız zaman kadar da sözel olarak yapmalıyız.

Mesela konuşmalıyız çevremizdekiler ile okulda sıramıza çekilip oturmaktan, tek başına takılmaktan uzak durup, konuşan, gülen, duygularını ifade eden bir biri olmalıyız.

Gizlilik ve mahremiyete etkileri

Herhangi bir kişinin, sosyal medya yer bulması için orada bir hesap açması yeterli. Bu hesap, kişiye ait hususi bilgileri isteyerek kişi hakkında küçük bir bilgi bankası oluşturur.

D5K

Sildiğimiz hiçbir şey ise, aslında tamamen silinmemiştir. Buralarda, o kişi hakkında bilgilerin yanı sıra fotoğrafları, videoları, kişinin ilgi alanlarını, arkadaşlarını, günlük hâdiselerle ilgili yorumlarını görebiliyoruz. Hattâ bazen mahremiyet ve gizli bilgilerini bile detaylı bir şekilde öğrenebiliyoruz.

Bu durumda kişiye ait hususi meselelerin, başkaları tarafından görülmesi gayet kolay oluyor.

Kişiye ait bu mahremiyetin bozulması, gençlerin kendilerini tam olarak kontrol edemedikleri dönemlerde daha fazla görüyoruz çünkü onun korkusu yoktur, çekinmez kısacası "ben buyum" hoşuna giden kabul eder gitmeyen kendi bilir, mantığıyla, kendisine ait birçok bilgiyi bu alanda beyan eder.

Kişinin yaptığı hatalı bir davranış, başkaları tarafından hemen öğrenilmekte, saatler içinde milyonlarca kişiye ulaşabilmektedir.

Bu yüzden sosyal medyada vezir olmakta rezil olmakta an meselesidir. Ayrıca kişi bu ağlarda kendini sürekli ilgi odağı hâlinde tutmaya çalışır. Belli bir daire içinde kendini sürekli "göstermesi", "sunması" hattâ kapitalist mânâda "pazarlaması" mantığı yaygınlaşmaktadır. Kendi kültürümüze, örfümüze ve adetlerimize uymayan, hele hele dinimizin bize tanıdığı meşru dairenin dışında kalan bu davranışların, başkaları tarafından fark edilmesi, açıkça bilinmesi sosyal hayatımız için son derece zarar teşkil etmektedir.

Gizlilik ve mahremiyeti bozduğu bilinen bu gibi durumlardan uzak kalınması cemiyet hayatımızın sağlığı açısından gerekli bir husushur..

Mimarî yapıdan, aile hayatına kadar sınırların çok iyi belirlendiği kültürümüzde mahremiyete hassasiyet gösterildiğini görürüz.

Aile içerisinde çekilen fotoğrafı dahi bizi tanıyan veya

tanımayan onlarca kişiyle paylaşarak, gerek örfî gerek dinî birçok hususu tehlikeye atmaktayız.

Her anımızı her hareketimizi paylaşır olduk. Oturma, konuşma ve diyaloglarımızı, başkalarını hiç ilgilendirmeyen şahsî meselelerimizi herkese ilân etmemiz ne kadar doğrudur?

"Hususi" diyebileceğimiz fotoğraf, video gibi malzemeler sosyal paylaşım ağlarına konduğunda artık kendi kontrolümüzden çıkıyor ve onları görenlerin iradesine kalmıştır.

Başkalarının ne maksatla kullanacağını bilemeyeceğimiz için, bunlar ciddi problemler oluşturmaktadır. Eğer maksadımız ticarî bir firmanın reklâmını yapmak ise bunu daha rahat olabiliriz. Ancak kendi özelimize ait bilgilerimizi paylaşırken, çok dikkatli olmalı ve bunların her türlü maksada hizmet edebileceğini iyi düşünmemiz gerekir. Çünkü bizim paylaştığımız resimleri alarak birçok sahte hesap açmakta ve kötü emellere alet edilmektedir.

Kişiliğimizi etkiliyor aman dikkat!

Sosyal medyada favori olsak ta mahalleye çıktığınızda siz gene sizsinizdir, Facebook'ta aldığınız beğeniler sizinle beraber sokağa inmiyor. Kendimizi sunma ve beğendirme tutkusu, meşhur olma takıntısı, günümüzde birçok kişinin en zayıf yanını oluşturmaktadır.

Birçoğumuz, ilgi odağı olup başkalarının dikkatini toplamak isteriz ve böylece farklı bir hissiyata kapılırız. Egomuz sürekli ilgi görmek ve beslenmek ister.

Eğer bir kişi, bu konuda kendini kontrol edemiyorsa, ciddi bir risk söz konusudur. Günümüzde sosyal medya ağları, kişinin kendini tanıtma, sunma, beğendirme, ilgi toplama, onay alma ve iyi geri bildirim aracı hâline gelmiştir.

Çektiğimiz bir fotoğrafın beğenilmesi, söylediğimiz bir sözün onaylanması, hemen her yapılan aktivitemizin başkalarına aktarılması, dolaylı olarak "ben" merkezli bir ruh hâli oluşturmaktadır. Kendini tanıtıp dolaylı olarak reklâmını yaptığı bu alanlar, kişinin hak etmediği temelsiz bir yükselmeyi getirebilmektedir.

Temelsiz yükselme, narsistik bir yapılanma ile karşılık bulursa, bu durumda kişi başkaları ile olan diyalogundan günlük hayatına kadar birçok sahada davranış problemleri görülmeye başlar. Bu gibi kişilerde tenkide tahammülsüzlük, beğenilmemeye karşı reaksiyon gösterme, sürekli kendini gösterme gayreti, empati kuramama, başkalarını küçümseme, kendini dev aynasında görme gibi patolojik ruh hâlleri sıklıkla görülmeye başlar.

Bu ise dolaylı olarak kişinin hayatını değiştirir. Ayrıca bu kişilerde marka giyinmek, gezip gördüklerini anlatarak ilgi çekmeye çalışmak, kendini iyi sunmaya çalışmak takıntıları oluşur. Bazen de bu kişiler anormal ve sıra dışı yorum ve davranışlarla egosunu desteklemek ister.

Aile yapımıza verdiği zararlar

Sosyal medya ağları aracılığı ile kendi kültür ve geleneklerimize uymayan diyalogların kurulması, aile yapısını yıkan sebeplerin başında gelmektedir.

Aile içinde bir arada geçirilmesi gereken zamanların bilgisayar karşısında Ya da mobil olarak geçirilmesi, aile fertlerini, önce zaman ve mekân bakımından, sonra da hissî açıdan birbirinden koparmaktadır. Birbirinin dert ortağı olması gereken aile fertlerinin, kendi aile üyelerine ayırmadıkları zamanı teknolojiye ayırmaları, kabul edilemez bir durumdur.

Mümkün olduğunca aile içindeki insicamın bozulmaması hedefindeki anne babaların, internet kullanımı konusunda da bizzat kendilerinin ölçüyü kaçırmamaları gerekir.

Aile içi tesirleri giderek daha çok görülen sosyal medya ağlarının fert ve aileye verdiği zararlar asla unutulmamalıdır. Ve bizi biz kılan ailemizi salona bırakıp gelip odamızda ne olduğu belirsiz ya da daha arkadaş olamadığımız kişilere tercih ediyorsak, insanlığımızı bir gözden geçirmek gerek. *Orda oturan senin ailen ve senin her şeyin.*

Yanlarına gitmeyiz, oldu da bilgisayarı bırakıp ta gittik mi bu seferde mobil olarak devam ediyoruz. Öyle bir hal aldı ki artık yanında aile fertlerinden birine bir şey olsa onu bile rahat karşılar vaziyete geldik, ruhsuzlaştık.

Mümkünse gözlemleyin, sosyal medya başındayken yaşanan birçok olaya soğukkanlılıkla yaklaşmaktayız. Ancak aile içerisinde olan bir meseleye hemen kızıp stres yapmaktayız.

Çünkü bağımlı olduğumuz için, sosyal ağların dışında gerçek hayatta olan şeyler bizi çabuk kaprise itmektedir. Nasıl ki bir eroin bağımlısı, madde alamayınca çılgına döner işte bizimkide sosyal medyadan uzak kalınca aynısı oluyor.

Hele Facebook, Twitterde gezinirken Ya da mesaj yazarken internet kesilsin, göreyim sizi, bakın bakalım sakin rahat durabiliyor musunuz? Duramazsınız, sanırsınız ki hayat damarınız koptu, çırpınıyorsunuz.

Faydaları var mıdır varsa neler olabilir?
"Sabahtan beri hep kötüledin azda olsa iyi güzel bir şey deki moralimiz düzelsin, biraz sevinelim sosyal medyanın faydalarını duyarak " diyebilirsiniz ama bunu ben değil sosyal medya bizzat bağırıyor "ben kötülük" saçıyorum diye.

Tabi milyonlarca insanın kullandığı bir sosyal medya ağının mutlaka faydaları da vardır. Bu ağlarda, bilgi, ses ve görüntünün hızlı değiş tokuşu, paylaşımı ve yayılışı sağlandığından, farklı mekânlardaki kişilerin ortak bir sahada bir araya gelmesi çok kolaydır.

Çok uzaktaki kişilerin bile rahatlıkla internet vasıtasıyla irtibat kurabilmesi, zulüm ve baskı altındaki toplumların ortak tepki ortaya koyması için diyalog imkânı bulmasını sağlar.

Devlet adamlarının kendi görüşlerini ifade etme ve taraftar toplama fırsatı yakalaması, sıradan kişilerin bile çok kısa sürede kendini geniş topluluklara tanıtabilmesi mümkün olmaktadır.
Bunlardan en iyi istifade edenlerin, ticarî firmalar olduğu sanılıyor. Bu firmalar, bir anda yüz binlerce kişiye çok para harcamadan reklâmlarını ulaştırabiliyorlar. Bunu bilerek hareket eden ticarî firmalar, bu sosyal paylaşım ağlarını sıklıkla kullanıyor.

İslâmî tebliğ açısından kurulacak diyalogların da, bu ağlarda faydalı olacağı muhakkaktır. Ancak ölçüsü ve sınırları belli olmayan zeminde, böyle bir atılımın getireceği fayda ve zararın iyi hesaplanması gerekir.

Sosyal medya ağlarının alternatiflerinin oluşması, yakın zamanda mümkün görünmüyor. Eğer bir kişi gerçekten sosyal olarak kendini ifade etmek, faydalı işler yapmak istiyorsa, yapılabilecek şeyler vardır.

Fert ve toplum olarak sosyalleşme düşünülüyorsa, kişinin gerçek sosyal diyaloglara daha fazla vakit ayırması gerekir. Bu sosyal medya ağlarına alternatif olarak; sevgi eksenli sohbet meclisleri, aile içi ortak paydaların artırıldığı zamanlar, ilmî müzakerelerin yapıldığı yerler, sivil toplum kuruluşlarının faaliyetleri sayılabilir.

Ama soyut bir ortam varken kim girecek dimi somutlaşmış cemiyete. Burada her şey tıkırında, ne desen odur, bilmesem de google cumhuriyetinden öğrenir biliyormuş gibi yazarsın, kimse görmüyor, pijamayla siyaset yap, kimse bilmiyor kişisel bilgilerini salla gitsin... Ahh insanoğlu ahh, keşke ibret alsak ya da ibret almadan önce fren yapmasını bir bilsek. İlla kendi başımıza gelmeden ders çıkarmayız.
Madem sosyal medyadasın bari boşa harcama!

"Malâyani şeyleri terk etmek, Müslüman'ın güzelliğindendir." hadîs-i şerîfince, kendimize ve çevremize menfî tesiri olan durumlardan mümkün olduğunca uzak kalmamız vurgulanmaktadır.

Elimizdeki teknolojik imkânlarımı doğru bir şekilde kullanmak, hepimiz için son derece önemlidir.

 Bizde ekli olan yada gören her kim varsa onlara faydalı, onları ihya etmeye yönelik paylaşımlar gerçek manada hayra sebebiyet verir.

Ve bir kişi dahi olsa, ihya olmasına sebep olmak ne büyük hâyr ve faydalı iştir. Sosyal medyada yapılan onca iletişimin hepsi bir Yana ihya etmiş olmak bir yanadır. Zaten kâr edersek o kazandığımız kişilerden ederiz.

Sosyal medyanın sebep olduğu cinayetler

-Eşinin lise arkadaşlarıyla Facebook'ta grup oluşturduğunu gören koca,16 yıllık eşini uyurken öldürdü.
-İşten ayrıldığı için sinirli bir şekilde eve gelen S.Y,eşinin Facebook'ta hesap açtığını görünce kıskançlık krizine girerek, ruhsatsız silahıyla eşi B.Y. yi öldürdü.
-Dalaman İlçesi'nde H.Y.D. Eşini Facebook'tan taciz eden kişiyi bularak bıçaklayıp öldürdü.
-Kayseri'de ramazan bayramında şeker toplamak için evine gelen üç çocuğu katleden Uğur Veli G.'nin Facebook'ta eklediği kişilerin çocuklarına aile fotoğraflarına yorum yaptığı belirlendi.
-Arkadaşlık isteğini kabul etmeyen kızın adresini Facebook'tan bulan S.K,kızı apartmanın asansöründe bıçaklayarak katletti.

-ABD'nin Connecticut eyaletinde West Haven kentinde,19 Ocakta, pizza restoranı sahibi olan S.Ö,iki çocuk annesi eşinin Facebook'ta "ilişkisi yok, arkadaş arıyor" mesajını görünce yaşadıkları tartışma sonucu eşini öldürdü...

Kısacası insanoğlunda kıskançlık denen bir olgu var ve sizide kıskanan birileri muhakkak ki var ve buna binaen dikkat etmeniz gereken bir husustur. Bu olayları uzak görmeyin. Çünkü onlarda uzak görüyordu, nerden bilebilirlerdi başlarına geleceklerini. Yok, o yapmaz da demeyin, bunu yapanlar hep insan. **Ve insanoğlu çiğ süt emmiştir.**

Araştırma

İngiltere'de yapılan Facebook araştırma sonucu 2.886 kişinin 329'unun sahte hesap olduğu ortaya çıktı. Dünya üzerinde 1 milyarı aşkın olan Facebook kullanıcısının acaba %'de kaçı sahte hesaptır, orasını da siz hesap edin.

Platonik aşkın getirdiği paylaşımlar

Son bir iki yıldır vazgeçilmez hale gelen **platonik** âşıklarımızın yaptığı paylaşımlar, gerçeğini aratmıyor. Sürekli bir aşk acısı sürekli bir aldatılmış, yalnızlık, terk edilmişlik paylaşımları atarak gerek muhataplı gerekse muhatapsız olarak sosyal medyada yer etmektedir.

Kişi platonik olduğu kişiyi ekleyerek sürekli bir takip halindedir. Tüm fotoğraflarını ezbere bilir gerek bilgisayarı gerekse telefonuna kayıtlıdır.

Yaptığı her paylaşımı yakından takip eder ve deşifre olmamak için de durumlarına yorum, beğeni yapmaz. Kıskançtırlar ve platonik olduğu kişinin paylaştığı bir sözü bir fotoğrafı kimlerin beğendiğini ve beğenenler arasında kız-erkek ayrımı yaparak, o beğenenlerin profiline dahi girip **platonik** olduğu kişiyle bir alakası olup olmadığını çözmeye çalışır.

"Sizin olmayan bir şeyi kıskanmayı bırakın. Şayet o sizinse kıskanmanıza gerek yok. Sizin değilse, kıskanmanıza lüzum yok..."

Fettah TANDOĞAN

Ardından kendisine sorular sormaya başlar "bu kız-erkek güzel mi, güzelse bununla ilgilenip beni arka plana atar mı" gibisinden ve daha birçok soruyu kendisine sormaktan çekinmez.

Platonik olan kişi sürekli bir ihanete uğramışçasına durum paylaşır, platonik olduğu kişi ekliyse belki görür cinsinden. Ama platonik olunan kişinin haberi dahi yoktur. Platonik olanlar, sürekli gelin güvey olurlar ve hayal kurarlar. Platonikler iki çeşittir, bunlar duygularını herkese açabilenler Ya da tanıdıklar görmesin gören olursa da yabancılar görsün düşüncesindedirler.

 Herkes görsüncüler : Facebook, Twitter, İnstagram gibi vb yerlerde çekinmeden dile getirirler. Gizleyenler ise, nerde tanıdığı az ise o platforma gider.

Mesela tüm tanıdığı Twitter'dadır, bu gider Facebook hesabı açar ve hesabında tanıdık olmaz, bu portal da gönlünce yazar, çizer durur. Birde bunun tam tersi vardır o da Facebook'ta normal ama Twitter'da **leyla-mecnun**'dur.

Erkeklerde ise bu durum farklıdır. Erkekler genellikle bu tür yazılardan çekinirler ama yok değildir. Şizofreni olarak sürekli birilerine ithaf eder ancak ortada ne platonik olduğu kişi nede bir hayali karakter vardır. Ve erkekler platonik olsa da olduklarını belli etmemeye çalışırlar. Facebook'ta platonik sözler paylaşan bir erkeğin iki nedeni vardır; Ya gerçekten platoniktir dile getirmeye, ucunun bir yerlere dokunmasını ister Ya da arkadaş çevresinde ekli olanların beğenmesi için paylaşır.

Kız çocuklarına göre biraz daha temkinli davranırlar ve belli etmemeye çalışırlar. Tabi erkeklerin egosu kızlara nazaran daha düşüktür ve sanal ağdaki şeylere çabuk kanarlar. Sahte hesaplar tarafından çabukça kandırılabilir.

Bunu anlamayan genç belli bir süre o sahte hesabı gerçek zannedip hayaller kurmaya ve ona hayatında yer vermeye başlar. Bir vakitten sonra sahte hesap tarafında dışlanınca, büyük bir darbe almış gibi hisseder ve ardı arkası gelmeyen birçok sinir strese yol açar. Bu yüzden kız çocukları daha uyanık ve dikkatlidir. Fakat bu oyuna geleni de çok.

Bağımlılıklar
Kız çocuklarında; Telefonlarını her beş dakikada bir eline almadan duramazlar. Kim ne demiş? Dur bakiyim şu **Twitter**'a gireyim de yeni bir şeyler var mı? **Facebook**'da en son yaptığım paylaşım **beğeni** almış mı? Paylaştığım fotoğrafa hangi arkadaşım ne **yorum** yaptı?

Mesaj geldi mi veya attığım mesaj görüldü mü? Şeklinde sürekli bir merak içersindedirler ve bu **merak** içten içe kemirir.

Paylaşım yapma hususunda erkeklere oranla kızların ki daha düşüktür ve genele değil yakın arkadaşlarına hitap eder.

Erkeklerde ise; Erkek çocukları sosyal medyada tanınmışlığı yok ise günün belli saat aralığında girerler ve çıkışları da hızlı olur. Sadece bildirim ve mesaj bölüme bakmakla yetinirler, arkadaş istekleri düşük olduğundan hiç oralı olmazlar ama bunlarda bağımlıdır çünkü sosyal ağ olmadığı müddet belli bir merak oluşmaktadır. Semtinde Ya da sosyal ağda tanınmış olan genç ise sürekli bir takip içerisindedir, bu sıklık kızlara göre düşüktür her 15-20 dakikada sadece beğeni kısmına bakarlar ve mesajlara pek yanaşmazlar. İstekleri kabul eder Ya da eleme yapar aklınca.

Birde gerçek hayatta böyle düşünürsek; Hani şimdi
Facebook duvarına bir yığın söz yazıyorum ya senin için.
Bazıları da beğeniyor ya. Hepsi boş, bana kalsa sizin evin
karşısındaki duvara;"seni seviyorum" yazsam ve
pencereni her açtığında, yalnız o duvara baksan ve en
büyük yorumu sen yapsan;"bende seni" desen, gülerek.

"Hayatı biraz gerçek düşünmek gerekiyor."

Aslında olması gereken sosyal medya ve internet tüketimi
-Bakışın ibretlik, ebediyete layık olmasını istiyorsan kötü olan
şeylere bakma.

-İnternette harcadığın vaktin karşılığında amel defterine
yazılabilecek değerde oradan ne aldığını sorgula.

-Bir kişinin yüzüne söyleyemeyeceğini sosyal ağda ki
sohbetlerinde de söyleme.

-Sözün güzel olsun istiyorsan dinleme kötü şeyleri(Neyin iyi
neyin kötü alacağını sana sınırların söylesin)

-Konuşmalarına selam ile başla selam ile bitir. Selamların
İslami boyuta olup anlamını taşısın(slm, mrb, s.a) gibi
kısaltılmış aforizmalardan kaçın, çünkü kişiye verilen selam,
kişiye verdiğiniz değeri yansıtır.

-Gerçekten konuşuyormuş gibi samimi ol. Onunla konuşurken
başka sitelerde gezinme. Karşındakini kâle al ki sözlerin onun
kalbine dokunsun. Ulaşmayan mesaj yarımdır hatta hiçtir.

-Gerçek birisin sen, sanal karaktere bürünme. Söyleyeceğin
çok önemli şeyleri yüz yüze görüşmeye bırak.

-Argo ifadelerden, kötü sözlerden, kaba ifadelerden dilini uzak
tut. Karşındakinin de böyle konuşmasına izin verme. Özel
hayatını başkalarının göz önüne serme. Seni değerli kılandır
bu durum.

-Kendini internet ağlarında unutma. Herkese görünmek değildi önemli olan. Amacımız görünen insan olmak değil gören insan olmaktır.

-Bir tıklamalık insan olmamak için kendi sınırlarını hatırla.

-Sakıncaya davet taşıyan her alandan uzak dur. Unutma ki Allah seni haramdan önce "harama yaklaşmaktan" alıkoyuyor.

-Unutma ki peygamber sevgin, internetteki bir "peygamber sevenler grubuna üyeliğinle falan ölçülmez. Seni ümmet yapacak olan sünneti seniyye ile yakınlığındır.

-Kendi içindeki Ahlak yasalarına dayan ve unutma Allah sanal âleminde rabbidir.

-Davanı sadece internet üzerinde yürütmeye kalkma.
-Her internet tüketicisi internete tükenmeye mahkûmdur. Sen üretmeye çabalayan ol. Kimliğin internet kullanıcısından ibaret kalmasın.

-Büyük çoğunluk gibi alımlı çalımlı ve yalandan ibaret kişisel profil oluşturma.

-Son olarak şu husus vardır ki; Bilhassa erkekler için. Tesettür sadece kadınlar için midir? Hz. Ali: "Erkeğin tesettürü göz kapaklarıdır" buyurmuştur.

Kızlarımıza âcizane tavsiyem
Herkes kitle kültürü içinde ilkesi olmayan batın ilkelere, edepten alıkoyan ölçülere yapışmışken sen görünmekten ve görülmekten hoşlanmıyorsun. Bu yüzden sanal sayfalarda özenle poz vermiş fotoğrafların yok. Bu yüzden hareketlerin aşırı değil, ses tonun kitaba uygun, bakışların yerde. Rıza makamındasın ve her şeyi olması gerektiğin gibi görüyorsun.

Hayat ve ölüm kavramlarından besleniyorsun. Eski zaman padişahları gibisin kendini göstermeyerek güçleniyorsun. Çünkü ancak görülenler denetlenir, harcanır ve tüketilir, kendini göstererek var olacağına inanalar zevk-estetik kategorisinde eriyip yok olur. Bir çınar gibi edep toprağında kök salıyorsun.

Birileri seni "hak ve özgürlükler" çerçevesinde çekip sıkıştırmaya çalışırken sen kuran ve ayetlerle ilgileneceksin, kendi çizdiğin o kutlu yolda...

Özgür düşünenler dini hayatından çıkardı ama sen, özgürleştikçe tortularından sıyrıldın inadına! İnadına hayatını din düzenledi, din tasarruf etti.

Bugünün kültürü yapaylık, geçicilik aldatıcılık ve müstehcenlikten oluşuyor. Ölçüsüz tüketimler edep çizgisinin çok dışında.
Hayâsızlık sorun olmaktan çıkıyor. Hayatın her alanında karşı karşıya geldiğimiz zihinsel sahtekarlıklar normalleşiyor.,sıradanlaşıyor.Bilincimizin ve kalbimizin sesini duymayı unutmuşuz.

Senin böylesine çelişkiler dünyasında hayatını dine göre düzenlemeye çalışman ise büyük cihat. Yozlaşmaya direnmen ne büyük savaş. Başörtüsünü, edep çizgisinden saptırmak isteyenlere karşı orda öylece durman ne büyük sevinç. Modacıların sattı satmadı kavgası seni ilgilendirmiyor. Kıyafetlerle üstünlük kuracağını sananlara inat sen "takva" ile üstün olmak gayesindesin.

Sen uzak zamanlardaki bir evde yaşıyorsun. Yanında Hz. Hatice karşında Hz.Aişe... Sonra birileri dürterek tekrar içinde bulunduğun zamana döndürüyor seni. Bu kolay olmuyor.

O evden her çıkışında zevk-hız-ego dünyasına geri döneceğini bilmek seni üzüyor. Belki bu üzüntüyle şekilleniyorsun merhamet cennetinde.

Bilsen şu halinle ne kadar güzelsin. Elerini uzatıyorsun zarifçe, İnfaka ve sadakaya alışkın ellerin kimseyi incitmiyor. Diz çöktüğünde parmakların hafifçe birleşiyor, boynun hafifçe bükülüyor. İlim meclislerinde kardelen gibi büyüyorsun.

Sesini daha çok içinde tutuyorsun. Bu yüzden konuşmaya başladığın anda herkes susuyor."Az söyleyenin sözü keskin olur" derler.

Sende öylece kesiyorsun etrafında sürgün veren gereksiz sözleri. Kanadı kırık bir kuş görsen alıp göğsüne bastırıyor. Herkes içtikçe acıkır dünyaya, sen içmeden doyuyorsun. Yüzünü eğme öyle, senin edebini dünyaya duyurmak için ihtiyaç yoktur. Sen kulaklar tıkalı iken bile duyuluyorsun.

KİŞİSEL GELİŞİM SÜRECİMİZ
+ ARTILARIMIZ

10 TEMEL KURAL
• Mutlu olmak istiyorsan hayallerinin peşinden git; yoksa hayallerin zihninde ve yüreğinde bir ömür seni kovalar.
• Az ya da çok olana değil senin olan şeye kanaat et.
• Çok fazla dost edineceğim diye uğraşma ama mutlaka elindekilerin kıymetini bil.
• Asla unutma ki hayatta en değerli varlığın ailendir; onlarla çok daha fazla zaman geçirmeye bak.
• Hayallerinin peşini asla bırakma.
• Üzüleceğin, acı çekeceğin ve yıkılacağın zamanlar olacaktır; Her seferinde yıkıldığın yerden doğrulmasını bil.
• Her an ölebilir veya kötü bir hastalığa yakalana bilirsin; Keşke dememek için zamanını çok iyi değerlendir.
• İnsanlar sürekli hata yapacaklar, mutlaka affeden taraf ol; Her açıdan kazanan sen olursun.
• Ümitsizliğe düştüğün an bil ki batıyorsundur; unutma ki seni ayağa kaldıracak tek şey ümidindir.
• Hayat çoğu zaman istediklerini vermeyecektir. Fakat sen yine de istediklerini ona fısılda, bir gün mutlaka karşında belirecektir.
• Çekinmeyin, kim ne derse desin hatta gülsün; kahkahaların sesi geçer ama gittiğiniz yol kalır.

Bütün büyük eylemler ve büyük düşünceler başlangıçta gülünçtü... [Alber CAMUS]

10 SORUN VE ÇÖZÜM

• Geçmişinle barış – böylece şimdini mahvetmemiş olursun.

• saygıdan ödün verme – toplumda saygı gösterdiğin kadar varsındır.

• Peki ya başkalarının düşündükleri – seni hiç ilgilendirmez(seni sen ilgilendirir).

• Zaman her şeyi iyileştir – zamana bırak.

• Sürekli yeni bilgiye açık ol – elindekilerle yetinme.

• Çok fazla düşünme – cevaplar hiç beklemediğin bir anda gelecektir.

• Nasıl hissettiğinin sorumlusu sensin – bu sorumluluğu kimseye yükleme

• Araştırmaktan vazgeçme – konuları bilmezsen çabuk kandırırlar.

• Gülümse – çünkü dünyada ki tüm sorunlara sahip değilsin.

• pes etme – edersen bu sende alışkanlık olur ve asla kazanamazsın.

YENİDEN BAŞLA

-Kendini yorgun hissetsen bile,

-Başarı senden kaçsa bile,

-Bir hata sana zarar verse bile,

-Hatta ihanet Sana acı verse bile,

-Bir hayal yok olsa bile,

-Gözyaşların gözünü yaksa bile,

-Kimse gayretini farketmese bile,

-Narkörlük ödülün olsa bile,

-Anlayışsızlık seni gülmekten alıkoysa bile,

-Ve hatta herşey, hiç bir şey olsa bile

VAZGEÇME, YENİDEN BAŞLA...

FAZLA YÜKÜ AT – HAYAT YOLCULUĞUNU RAHAT YAP

1-Biriktirme: Kullanmadığın eşyaları, giymediğin giysileri, okumadığın kitapları biriktirme, saklama ver. (onları gördükçe psikolojikmen daralacaksın)

2-Affet, kurtar kendini: Affetmediğin işlemi Sana yapanlar, sen onları affetmediğin sürece, aynı işlemi yapmaya devam ediyorlar ve devam etmemesi için affet, kurtar.

3-Erteleme: Seni asıl yoran, yaptığın iş değil, kafanda yapılmayı bekleyen işlerdir.Erteleme, şimdi yap, bitir işi.

4-Bağlantını kes, sertbest bırak kendini: Göbek bağını kes, birilerine bağlı kalma. Başkalarının beklentilerini karşılamak için yaşama. Kendin ne istiyorsan onu yap. Her işi üstüne Alma. Sana atılan her topu tutma.İşin neyse ona yoğunla.

NEGATİFLERİ HAYATINDAN AT

Sadece şunu düşün; yalnız, hasta, şişman, fakir, meşgul, bunalmış yada bağımlıda olsan bu hayat senin...

• Düzgün bir eğitimin olmasa da geçmişte çok kötü bir şey yapmış olsan da, sevdiğin biri tarafından asla desteklenmediğini hissetmiş, etrafında ki her şey kontrolün dışında gelişiyor gibi gözüküyor olsa da bu hayat senin..

• Hayatının en güzel yılı, mutlu olman için sahip olman gerektiğine inandığın şeylerin hepsini elde etmekle ilgili değil. O projeyi bitirmek, hayatının aşkını bulmakla, on kilo vermekle de alakalı değil.

• Gerçekte, gelecek yılda sevdiğin birini ya da işini de kaybede bilirsin, bu seni yıpratmamalı.

• Burada sana göstermeye umduğum şey, kendini ifade etmeyi özleyen tarafının gelişmesidir..

• Kendinden ilham alır duruma gelmen, kendini ve seçimlerini sevmenle ilgili.

• Daha önce hiç tecrübe etmediğin bir geleceği üretebilmen, geçmişinle barışa bilmene bağlı.

• Etrafında ne olursa olsun, hayatının en güzel yılını yaşaman mümkün.

• O alman için orada ve senin..

• Bu yıl ne yapacağını ve hangi davranışa bağlayacağını sen seçeceksin.

• Hayatının en güzel yılını yaşamamızın kim olduğumuz; ne yaptığımız ve nasıl yaptığımıza dair kendimizi iyi hissetmemiz temeline dayandığını anlayacağız.

• Her günü kendinle gurur duyarak ve kendinden emin olarak yaşaman gerekiyor.
Ve tabi bu hayat senin, hayatının en güzel yılı, unutma ki bir daha gelmeyecek.

MUTLU OLMANIN 30 YOLU
1) Ağaç dikin, yabani otları yolun, bırakın elleriniz toprakla buluşsun.

2) Gülmek için, size eşlik edecek birilerinin olmasını beklemeyin.

3) Bahçenizde, balkonunuzun uygun bir köşesinde domates, biber, maydanoz yetiştirin. Az bile olsa tohumunu elinizle ektiğiniz bir sebzeyi yemek çok tatlı gelecektir.

4) Sabredin, istediklerinizin gerçekleşmesi için belirlenmiş doğru bir zamanı vardır.

5) Bir şeyler üretin. Resim yapın, yazı yazın, atkı ya da kazak örün.

6) Yavaşlayın ve anın keyfini çıkartın.
7) Uzun zamandır kin beslediğiniz birisini affedin.

8) Bir çocuğu veya bebeği sevin. Onlardan pozitif bir enerjinin size geçtiğini görecektir.

9) Çocukları üzecek ve incitecek bir şey yapmaktan sakının.

10) Çocukluğunuzda okuduğunuz masal kitapları sakladığınız yerden çıkarın ve tekrar okuyun.

11) Bir işi bitirmek için kendinize yeterli süre tanıyın.
12) Başarılarınızı ve başarısızlıklarınızı şansa bağlamayın.
13) Bir hayvanı sevin ya da yapabiliyorsanız ona sarılın.
14) Gün doğumu ve gün batımının ihtişamını hissedin.

15) Geçmişin geride kaldığını ve geleceğin belki de hiç gelmeyeceğini hatırlayın.

16) Kusurlu yanlarınızı sevmek zorunda değilsiniz ama en azından onları kabul edebilirsiniz.

17) Karıncaların evlerini inşa edişlerini ve kendi ağırlılarının 10 katı yiyecek taşıyışlarını izleyin.
18) Ara sıra içinizdeki çocuğun yaramazlık yapmasına izin verin.

19) Başarı bir süreçtir, bir varış noktası değildir. Bunu hep hatırlayın.

20) Evinizde çiçek besleyin.

21) Cebinizde veya çantanızda şeker taşıyın. Arkadaşlarınıza veya karşılaştığınız çocuklara bunlardan verebilirsiniz.

22)İşlerinizi ertelemeyin. Böylece geriye dönüp hataları düzeltmek için yeterli zamanınız olur.

23) Uzun zamandır aramadığınız bir arkadaşınız varsa hemen şimdi onu arayın.

24) Uzun zamandır rafta okunmayı bekleyen kitabınızı alın ve okumaya başlayın.

25) Ara sıra nostaljik takılın. Çocuk parkına gidip salıncağa binin, elma şekeri veya pamuk şekeri yiyin. İp atlayın, ya da misket oynayın.

26) Yeni bir dil öğrenin.

27) Rutinlerinizin dışında çıkın. Her zaman kullandığınız yoldan farklı bir yol keşfedin. Farklı bir yerden alış-veriş yapın. Yani bir şeyi farklı yapın.

28) Birisine yardım elini uzatın.

29) Hayatınızda değiştirebileceklerinizi değiştirin ve geri kalanları kendi haline bırakın.

30) Ve bugün sahip olduğunuz bir şey için şükredin.

"Mutlu olmak için bir şeyler harcama, sarf etme. Sevdiklerin aklındaysa zaten mutlusundur..."

Fettah TANDOĞAN

ASLINDA HER ŞEY 2 ŞEYDEN İBARET

'Kalitesiz İnsan'ın özelliğidir:
1- Şikayetçilik
2- Dedikodu

Çözümsüz görünen problemleri bile çözer:
1- Bakış açısını değiştirmek
2- Karşındakinin yerine kendini koyabilmek

Yanlış yapmanı engeller:
1- Şahıs ve olayları akil ve kalp süzgecinden geçirmek
2- Hak yememek

Kişiyi gözden düşürür :
1- Demagoji (Laf kalabalığı)
2- Kendini ağıra satmak (övmek, vazgeçilmez göstermek)

İnsanı 'Nitelikli İnsan' yapar:
1- İradeye hâkim Olmak
2- Uyumlu Olmak

'Ekstra Değer' katar:
1- Hitabet ve diksiyon eğitimi almak
2- Anlayarak hızlı okumayı öğrenmek

Geri bırakır:
1- Kararsızlık
2- Cesaretsizlik

Kâşif yapar:

1- Nitelikli çevre

2- Biraz delilik

Ömür boyu boşa kürek çekmemeni sağlar:

1- Baskın yeteneği bulmak

2- Sevdiğin isi yapmak

Başarının sırrıdır:

1- Ustalardan ustalığı öğrenmek

2- Kendini güncellemek

İki şey basariyi mutlulukla beraber yakalamanın sırrıdır:

1- Niyetin saf olması

2- Ruhsal farkındalık

Milyonlarca insandan ayırır:

1- Sorunun değil, çözümün parçası olmak

2- Hayata ve her şeye yeni (özgün, orijinal, farklı) bakış açısıyla
yaklaşabilmek

Gelişmeyi engeller:

1- Aşırılık (mübalağa, abartı, ifrat)

2- Felakete odaklanmış olmak

Çözüm getirir:

1- Tebessüm (gülümseme)

2- Sükût (susmak)

Değeri kaybedilince anlaşılır:

1- Anne

2- Baba

Geri alınmaz:

1- Geçen zaman

2- Söylenen söz

Ulaşmaya değerdir:

1- Sevgi

2- Bilgi

"hayatta önemli olan her şey" içindir:
1- Nefes alabilmek
2- Nefes verebilmek

• EKSİLERİMİZ
TÜKENMİŞLİK SENDROMU

"Tükenmişlik sendromu" ruhsal bir bozukluk değildir ancak bazı kişilik yapılarında daha kolay ortaya çıkabilir. Sıklıkla depresyonla karıştırılma riski vardır. Belirtilerdeki benzerlik dikkat çekicidir kişinin depresif duygularında da mevcuttur ancak tükenmişlik sendromunda depresyondan farklı olarak, kişi "bu durumu yaşadığı ortamdan uzaklaşıp farklı bir ortama geçtiğinde" duyguları değişebilir, sıkıntıya düşen yaşamsal fonksiyonları normale dönebilir.

İnsan ruhu ve bedeninin yalan söylemediği durumlardan biri olarak karşımıza çıkan bu sendrom, "insanoğlu doğasına uygun yaşamayı" reddedip, çok büyük idealler ve hedeflerle temel insani ihtiyaçları arasında sıkışıp kaldığında en çok kendini gösterir. Tükenmişlik, genel anlamda bir insanın iş yaşamında ihtiyacı olan doyuma sahip olamaması nedeniyle tüm yaşamına yayılabilen bir yaşam enerjisinde tükenme hâli olarak tanımlanabilir.

Tüm yaşam enerjisini iş hayatından karşılayan, başka alanlarda beslenmeyi göz ardı eden, sosyal yaşamı güçlü olmayan, aşırı hırslı ve başarı odaklı kişilerde daha sıklıkla görülebilir.

Kişinin iş yaşamında, çalıştığı kuruma verdikleri ve aldıklarının birbiriyle dengeli olmadığı durumlarda, bir süre sonra karşısına bu tükenmişliğe varabilecek zorluklar çıkabilir.

Örneğin büyük fedakârlıklarda ve uzun mesailerle çalışan bir kişi, bunun karşılığında çalıştığı kurumdan maddi-manevi bir takdir alamadığında, bir süre sonra tükenmişlik yaşama ihtimali belirtir.

Tükenmişlik sendromundan uzak kalabilmek için, öncelikle yaşama bakışın güçlü ve yaşamdan keyif almanın öncelikli olduğu bir bakış açısı gerekir. Ruhsal ihtiyaçları karşılamayı ihmal etmemek, yaşamla kavga halinde olmamak, sosyal ilişkileri canlı tutmak, çevremizdeki kişilerden destek almayı ihmal etmemek bu noktada önemlidir. Ağırlıklı olarak iş yaşamında sözü edilse de yaşamın tüm düzlemlerinde kendisini gösterebilir.

ANLIK ÖFKEDE NE YAPMALI

• Sinirliyseniz bir şey yapmadan veya söylemeden önce 10'a çok sinirliyseniz 100'e kadar sayın

• Cevap vermeden önce derin ve yavaş bir nefes alın
• Kişileri yargılar şekilde konuşmayın
• Kendinizi karşınızdakinin yerine koyun, onun gözüyle bakın
• Onun durumunu anlamaya çalışın

• Sinirlendiren alışkanlıklarınızı bir anda değil ama yavaşça terk edin

• Trafikte araba kullanırken asla cep telefonu ile konuşmayın

• Sinirlenmeye başladığınız mekanı hızla değiştirin

AGRESİF OLMAK

Bazı insanlar kendi kendilerini kandırmanın ustasıdırlar.
Kişilikleri kayar sanki. Kendilerine bir rol biçerler ve bu role
inanırlar. Kişiliklerini kabul edilebilir ve edilemez diye ikiye
ayırırlar. Kabul edilemez saydıkları parçayı yok sayarlar.
Pasif Agresifler de bu özellik çok belirgindir.

Bütün insanlar biyolojik olarak cinsel ve saldırganlık dürtüleri
ile donanmışlardır. Hepimizin utanç verici ve uygunsuz
arzuları vardır. Uygunsuz dürtülere dur demeyi ve onu
denetlemeyi öğrenmek kişilik gelişiminde çok önemlidir. Pasif

Agresifler saldırganlık dürtülerini yanlış kullanmaktadırlar.
Kendilerini kırgın, ihanete uğramış, yanlış anlaşılmış ve suçlu
hissettikleri zaman çeşitli kisveler altında saldırılar yaparlar.
Yardımseverlik, iyilikseverlik kisvesi altında hedef seçtiği
kişiyi öfkelendirir, çıldırtabilirler. Gülerken ısıran kişilerdir
bunlar.

Bir toplantıda patronuna söyleyemediği bir sorunu veya
patronunun bir kusurunu, arkadaşlarına iyilik yapıyor kisvesi
altında söyleyip ego doyumu sağlamaya çalışır. İlginçtir bu
eylemi yaparken bu k işiler samimidirler, bilerek yapmazlar.
Çünkü kişiliklerinin bu yönünü kabul etmezler.

Eğer farkındalık sağlanırsa kişilik gelişimi oluşur.

Psikiyatri tanı ölçeklerinde aşağıdaki özellikler Pasif - Agresif kişilik tutumunu tanımlar.

1- Sürüncemede bırakır, yapılması gereken şeyi geciktirir veya zamanında yetiştirmez.

2- Yapmak istemediği bir şeyi yapması istendiğinde kızar, surat asar veya tartışmaya girer.

3- Kasten yavaş çalışıyor veya kötü yapıyor gibi görünür.

4- Haksız yere karşı çıkar, sıklıkla itiraz eder.

5- "Unuttuğunu" öne sürerek yükümlülüklerden kaçınır.

6- Eksiklik ve yetersizlik duygusunu sıklıkla taşır.

7- Kolayca küser.

8- İnatçı olarak bilinir.

9- Başkalarından gelen faydalı tavsiyelere içlenir, bozulur.

10- Kolayca gücenir, gönül koyar.

11- Grup faaliyetlerinde kendisine düşeni yapmayarak başkalarının çabalarını boşa çıkarırlar.

12- Yetkili durumundaki kişileri anlamsız yerde eleştirirler.

13- Kendisinden üstün hissettiği kişileri küçümser, kusurlarını ararlar.

14- Vermeyi, yardım etmeyi severler.

15- Onaylama ve övgü açlığı içerisindedirler.

16- Kendilerinin başkaları için çok şey yaptığını fakat başkaların aynı iyiliği yapmadığını hep düşünürler, çoğu zaman belgelerle gösterirler.

17- Karşı tarafı öfkelendirir sonrada onu suçlar "öfkeni kontrol etmen gerekir" derler.

18- Her şeye öncelikle "hayır" deme eğilimindedir.

19- Olmamış ve söylenmemiş şeyler için gerilim çıkarmayı sıklıkla yapar.

D5K

NEDEN YALAN SÖYLERİZ?

Neden yalan söyleriz? Aslında herkesin bir gerekçesi vardır. Bazen sevdiklerimiz üzülmesin diye, bazen de ilişkilerimiz bozulmasın diye yalan söyleriz. Başkalarını üzmemek için, sosyal nedenlerden ötürü, birçok konuda duruma göre varmış veya yokmuş gibi yaparız.

Bazen elimizde olmayan nedenlerle buna mecbur olduğumuzu söyler, yaptığımızın doğruluğundan emin bir şekilde kuşku duymadan, sorgulamadan inanırız ona. Kendimizi kandırmak için olsa gerek, "durumu kurtarma adına" bunları yaptığımızı ifade ederiz. Bazen de çelişkiler içinde kalırız.

Yalandan nefret ederiz ama hoş olmayan durumlardan sıyrılmak için de başka çareler düşünmeden yalana başvururuz. Bazı durumlarda, gerçeği söylemenin daha kötü sonuçlar doğuracağını düşünürüz.

Kötü hastalığı olan birinden hastalığının tanısını saklamak bunlardan biridir. Güya bu daha fazla mutsuz etmeme için yapılan bir işlemdir.

Kişi gerçeği öğrenince tabi ki daha kötü olur. Türk filmlerinde sık sık rastlarız bu temaya. Unutmayalım, gerçek hayatta da gerçekler bir şekilde eninde sonunda açığa çıkar. Çocukluğunuzu hatırlar mısınız? O zaman Pinokyo'yu bilirsiniz. Hani iyi kalpli yaşlı tahta ustasının yüreğini koyarak yaptığı bir kuklaydı Pinokyo. En belirgin özelliği yalan söylemesi ve her yalan söylediğinde de burnunun uzamasıydı.

O kadar inanmıştık ki ona, pek çok çocuk o zamanlar her yalan söylediğinde hemen aynaya koşar, burnu uzadı mı? Diye merak ederdi Pinokyo nun etkisiyle.

Birde günümüze bakalım, maşallah ortalık Pinokyolar dan geçilmiyor. Aslına bakarsanız hepimiz birer Pinokyoyuz. Çünkü nefret ederken, ilişki bitmeye doğru giderken, ev, araba, para kaprisleri sevgimizi bitirmişken, "seviyorum" diyoruz.

Yolunda gitmiyorsa bir şeyler, gidiyor gibi davranıp öyle aksettiriyoruz. Mutsuzsak, "mutluyuz, kimse dört dörtlük değil, ben dört dörtlük müyüm ki? Kandırmacısıyla dolaşıyoruz.

Beceremeyeceğimizi bile bile "ben hallederim" deyip işin içine balıklama atlıyoruz. Eskiden "Yalancının mumu yatsıya kadar yanar" demişler, vallahi şimdilerde, o mum hiç sönmüyor, her taraf ışıl ışıl aydınlanıyor. .

Sanki hayatta herkes birbirini kandırmak için uğraşıyor. Keşke her birimizin elinde ayna olsa da, Pinokyo gibi uzayan burunlarımızı görebilseydik. Bazı insanlar mutsuz olsa da çok mutlu olduğunu sergilerler. Ancak gerçeği görenler bunun doğru olmadığını bilirler, fakat kimse yalana karşı çıkmaz.

Dikkatlice izlendiğinde, yalan söyleyen kişinin söyledikleri ile iç dünyası arasında çelişkili bir durumda olduğunu gösteren ipuçlarına rastlamak zor değildir. Fakat kimse konunun üzerine gitmez.

Zararı yalan söyleyen insanın kendisinedir çünkü. Kişi kendini kandırmaktan öteye gidemez. Bize de kişinin yalanına ortak olmaktan başka bir şey düşmez.

Yalan söyleyen kişi konuşmasına, "Yanlış anlamanı istemem ama? Gibi bir cümleyle başlar ya da "Gerçeği söylemek gerekirse?",

 "Dürüst olmak gerekirse?" "Öyle demek zorundaydım."gibi cümleler kullanır. Belki de yalan üzerine yazılmış bu yazıda mı bir yalandır, bu yazıyı yazan, bu yazıyı okuyanlar da yalan olabilir. Unutmayalım, yalan söylerken, bir şekilde yalanların bir şekilde açığa çıkarlar.

Fakat biz geçen zamanla yalanlarımıza inanırız, yalanlarımız da bizi rahatsız etmez kıvama gelirler. Hayatımızı o şekilde devam ettiririz. Her şeye rağmen güçlü olmak gerekir. Önemli olan hayatımızı yalansız yürütebilmektir. O zaman daha mutlu oluruz.

AĞLAMANIN FAYDALARI VE ZARARLARI NELERDİR

Ağlamanın insanın hem beden hem ruh sağlığı için çok faydalı olduğunu biliyor muydunuz? Halk arasında söylenen bir söz vardır "ağlarsan açılırsın rahatlarsın" ağla derler. Aslında öyle doğru bir sözdür ki ağlayan kişiler duygularını dışa vurarak rahatlar ve depresyon gibi ruhsal hastalıklara yakalanmazlar. Bazı kişiler ağlamayı zayıflık olarak kabul eder oysaki ne kadar da yanlıştır.

İnsanın duygularını dışa vurması asla zayıflık değildir. Hatta insana büyük yararları vardır. Toplumda genelde "erkekler ağlamaz" derler. Aslında bu yanlış düşünce erkeği güç timsali görüp kadınları zayıf kişiler olarak göstermek için söylenmiş bir sözdür.

Bu çok yanlış düşünceler ile ağlamayan erkekler bakın neler kaybediyor. Daha kolay ağlayabilen kadınlarsa neler kazanıyor. İşte sizin için araştırdık ağlamanın faydaları neleridir açıklayalım.

Ağlamanın Faydaları:
* Günümüzün en çok rastlanan hastalığı olan stresten ağlayarak kurtulabilirsiniz.

*Ağlamak insanda rahatlama ile beraber mutluluk hormonu salgılanmasını sağlayarak stresi yok eder.

* Ağlayan kişilerde aslında tıbbi hastalıklarda daha az görülür. Çünkü hep şöyle denir" içine atmaktan hastalandı" işte gözyaşları sayesinde üzüntüleri içinize atmazsınız dışa vurarak tabiri yerindeyse dert sahibi olmazsınız.

* Üzüldüğünde ağlayan kişilerde kalp damarları açılır. Gözyaşı döktüğümüzde kalp daha az sıkışır ve kalp hastalıkları riski azalır.

* Üzgün olduğu zamanlarda ağlayan insanlar rahatlar ve daha rahat uyurlar.

* Üzüntülü zamanlarda tansiyonu çıkan kişiler ağladığında tansiyonlar normale döner. Böylece ağlamak tansiyona bile iyi gelmiş oluyor.

* Eğer sıkıntılı zamanlarda iştahı açılıp çok yemek yiyenlerdenseniz ağlamak buna da çare oluyor. Ağlayan kişiler daha az yemek yiyor.

* Ağlayan kişilerde göz kuruluğu şikayeti görülmüyor. Göz kuruluğunu önlüyor.

* Ağladığınızda herkes başınıza toplandığında ne kadar sevildiğinizi anlar kendinizi güvende hissedersiniz.

Ağlamanın Zararları:

Ağlamanın zararı ancak gözleriniz kızarması ve şişmesi olabilir. Bu da geçici bir etkidir ve bir süre sonra geçer. Eğer gözleriniz ağlamaktan kızarmış ve şişmiş ise gözlerinize ılık çay poşeti koyarak yarım saat kadar uzanın geçecektir.

Ağlamanın bir başka zararı da belki çevrenizdeki kişiler size ağlanıcı, mız mız gibi isimler takarlar.
Ya da eğer erkekseniz erkek adam ağlar mı gibi sözler ile sizi aşağılamaya çalışırlar. Fakat kendi iyiliğiniz ve sağlığınız için bu sözleri hiç takmamak en iyisi olacaktır.

Hiç unutmamamız gereken bir şey vardır insanlar doğduğunda ilk yaptıkları şey ağlamaktır Gülmeyi sonradan öğrenirler.
Demek ki insan doğasının en doğal olayıdır ağlamak.
Peki ya siz duygusal bir şarkıda gözyaşlarını tutamayanlardan mı yoksa en üzücü olayda bile ağlayamayanlardan mısınız?

Şunu hatırlatmalıyız ki ağlamak bir terapidir. İnsan sağlığı için çok faydalıdır. Bu nedenle duygularınızı içinize atıp ağlamamak için kendinizi tutmayın. Ağlayın ve huzurlu mutlu sağlıklı bir insan olun diyoruz..

"Ağlayın, çünkü gözyaşınızı kendimiz silecek kadar yalnızız. Sevinin, çünkü o yaşların akmasına neden olan birileri var..."

Fettah TANDOĞAN / Soğuk Bahar

PLATONİK AŞIK OLMAK

PLATONİK AŞK NEDİR?
Hepimiz bu tanıma rastlamışızdır hatta birçok kez yaşamışlığımızda olmuştur.

Platonik aşk adını ünlü düşünür Platon'dan alır. Platonik aşk, sekilerlikten çıkarak tinsele dönüşen aşk anlamına gelmektedir. Bizde genelde karşılığı olmayan, karşılığı sorgulanmayan aşk anlamında kullanılmaktadır.

Platonik kelimesi sözlükte "Gerçekte var olmayan, düşte kalan, hep öyle kalması istenilen" anlamında olduğu belirtilmektedir.

Neyse bu kısım çok resmi oldu biz asıl konumuza dönelim. Platonik aşkta, her şey duygusal ve ruhsal düzlemde olur, fiziksel hiç bir şey yoktur.

Platonik aşk, *onu görmek bile sizi heyecanlandırırken, o sizin yanınızdan, geçip gider. Siz heyecandan sapır sapır titrerken, o işiyle meşgul olur. O sizin için hayatınızdaki en önemli kişiyken, siz onun için sıradan birisinizdir. Hem âşık, hem de saf hissedersiniz kendinizi.*

Davranışlarından, konuşmalarından işaretler alıp, umutlanır, bozulur, küsersiniz, yeri gelir onu görebilmek için bin bir zorluğa katlanırsınız sadece bir kez görmek için ne düzenlemeler yaparsınız ama o bunları görmüyordur ve sende onu görerek mutluluktan tüm çektiğin cefayı tek çırpıda unutuyorsun. İşte Böyle bir haldir.

NERELERDE GÖRÜLÜR?
Okul'da bu en klasik platonik aşk mekânlarından biridir. Zamanımızın çoğunu burada geçirdiğimiz için tabi ki. Ders dışında ki çok konuda da zihnimizi çalıştırırız. Âşık olunan kişi kız ya da erkek olsun genelde üst sınıflardandır. Ama yaşınızdan fazla büyük olmaz, bir kaç yaş ya da yaşıttır. Platonik aşkın karizmatik hareketleri vardır, suratına bakmaya doyulmaz.

Sınıfta ise herkes birbirininkini bilir ve "o yenge-enişte" muhabbetindedir. Eğer bir platonikçi istediklerine ulaşamayıp hayal kırıklığına uğradığında ona yardımcı olanda gene başka bir platonikçidir. Eğer bu şahıs okul takımlarından birinde oynuyorsa mutlaka her maçına gidilir, hayran hayran seyredilir. Belli edilmese de 'bir gün mutlaka benim olacaksın' diye içten bağırılıp durulur ve hırs yapmak da ihmal edilmez.

Mahallede...
Mekân itibariyle mahallede de platonik aşk olayına çok rastlanır. Sonuçta oturduğunuz yer olduğu için elbette insanın gözü güzel insanlara takılır. Fakat bu olay ilkbahar ve özellikle de yaz mevsiminde meydana gelir. Çünkü o zaman tatildir, herkes dışarıdadır, tanışma, imkânları daha çoktur.
He şunu da belirteyim, bu olay daha küçük yaslarda olur. Yani büyüdükçe mahalleye az takıldığınız için, kimseyi göremez takip edemezsiniz.

Ünlülerde...

Ünlüler`de en alaycı platonik aşktır..Fazla bahsetmeye gerek yok,ünlülerden herhangi biri deli gibi beğenilir resimleri falan sürekli bakılır,tüm hayati ezberlenir,sevgililerine uyuz olunur,onunla beraber hayaller kurulur ve daha bir sürü... Hele ki bir şarkıcıysa, bütün şarkıları ezberlenir, resimlerini hayatımızın uç köşelerine yerleştirilir. Sürekli kendisini onunla yan yana getirilir. Sürekli bir heyecan içerisindedir çünkü heyecanlı kılanda platonik olmasıdır.

Etkileri, Nedenleri, Zararları ve Çaresi...

Platonik daha çok kişilerin çok yoğun sıkıntılı stresli üzgün mutsuz gibi hallerdeyken oluyor genellikle buna lise yaşlarındaki gençlerde rastlanmaktadır. Platonik aşk denilen şey tek taraflı olduğu için seni, uykusuzluk iştahsızlık veya aşırı yemek yeme mutsuzluk daha fazla strese mahkûm etmektedir. Kısacası seni her şey den uzak tutar ne yaptığını dahi pek bilmezsin...

Platonik aşkın en önemli kısmı ise kişiyi öldürebilecek potansiyelde olması. Evet arkadaşlar bu sizi gerçekten öldürebilir çünkü platonik aşk denilen şey kişiye çok fazla hem psikolojik hem de fiziksel açıdan inanılmaz derece zarar veriyor ve buda sizi tansiyon, kanser, şeker v.b kötü hastalıklara yakalatabiliyor ki bunların sonun da ölüme kadar gitmektedir.

Geçmişte yaşamış çoğu şair yazar abdal ozan âşık gibi insanlar işte aslında aşka âşık olmuşlardır ve platonik aşktan dolayı çoğu kanser v.b gibi hastalıklardan ölmüşlerdir. Bunun tedavisi mutlaka ama mutlaka bir psikolog'a gitmektir ve çok kısa bir süre içinde tedavi olunabiliyor sakın ama sakın ben utanıyorum ben âşık kalmak istiyorum psikolog'a gidersem herkes duyar gibi şeylere kulak asma! Cesaretini topla ve git.

Onu unutamazsın, devamlı dalıp hayal kurmak istersin. Her ulaşamadığında canın çok sıkılır ve tansiyon hastalığına sebebiyet büyük davetiye çıkarırsın. Ardından dikkat dağınıklığı, yememe içmeme, herkese bir küskünlük v.b gibi hastalıkların yanı bağışıklık sisteminin bozulması başlıca etkilerdendir. Bu olaya tutulan herkeste hemen hemen görülmüştür.

Sonuç

Platonik, gerçekleşse çok güzel olabilecek ama gerçekleşmesi hayal gibi görünen durumları ifade eder. Platonik aşk da özünde bu durumlardan biridir. Çoğu zaman teorinin pratik hayatla uyuşmaması gibi platonik aşk da sanıldığı gibi her zaman imkânsız aşk anlamına gelmez.

Platonik aşk pratikte en çok, birbirini tanımayan ama uzaktan uzağa beğenen kişilerin, sadece bakışarak yaşadıkları bir aşk türüdür. Bu durumda gözler konuşur, gözler anlatır, gözler itiraf eder, gözler senden hoşlanıyorum der. Aşk son derece sessiz ve derindir.

Madem karşılıklı, aşk neden platonik kalıyor? şeklinde mantıklı bir soru sorulabilir tabii. Bunun nedenleri sorgulandığında, ilk adımı hep karşıdan bekleme, çekinme, korku, güvensizlik gibi birçok neden ortaya çıkmaktadır ki bunlar sağlam bir zeminde durulmadığının, sağlıksız bir iç ortamın işaretleridir.

Biraz saçma olsa da, akıl almasa da karşılıklı olarak platonik başlayan, platonik ilerleyen ve bir ilişkiye dönüşmediği için resmen hiç yaşanmayan aşkların sayısı oldukça fazladır.

Aşk platonik başlayabilir ama platonik bırakılmamalıdır. İnsan aşık olduğunu hissettiği kişiye, mutlaka yaklaşmalı ve onu tanımaya çalışmalıdır. Cesareti yoksa bulmalıdır, korkuyorsa yenmelidir ve neler olacağını düşünmeden o kişiye doğru adım atmalıdır.

Tanışma olmadan duygular konacak gerçek bir zemin bulamaz
ve havada asılı kalırlar. Belki de tanıdıktan sonra hayalleri
süsleyen o kişi hiç de çekici gelmeyecek, hatta itici bulunacak.
Olabilir.

Öyleyse neden zaman kaybedilsin ki, bir an önce
tanıyıp görmek ve pişmanlık yaşamamak gerekir.

Eğer tanıştıktan sonra da aynı sıcak duygular hissediliyor,
heyecan, heves ve beğeni devam ediyorsa sağlıklı bir ilişkiye
doğru yürünebilir. Anlamlı ve hakiki yol budur.

Sev ama belli etme,
 Hasret çek ama dert etme.

Onu düşünmek için,
 gençliğini hebâ etme.

Şükür et ama isyan etme,
 Bekle ama şikayet etme.

Sabretmeyi ihmal etme,
Seveni de bekletme.

Fettah Tandoğan / Soğuk Bahar

2.Sonuç:

Her ne kadar aşk,sevgili,yâr desekte bu kelimelerin kavramını
iyi kavrayamadıktan sonra hiç bir anlam ifade etmiyor.Çünkü
aşk iki yürek aynı anda çarpınca meydana gelir ve zorlamaya
asla gelmez.Platoniklikte,ben istiyorum onun istemesi önemli
değil,her ne olursa olsun sevmesede benim olsun,o da sevmek
zorunda...

Diyerek bir başkasının hürriyetine müdahale etmek istiyoruz.Pekiya hiç sorduk mu?O ister mi?onun için uygun mu? Diye.Yok,varsa yok ben.Karşı taraf bir başkası için hayal kurar ve mutludur ama sen onu kendine istediğin için onunda mutlu olmasını istemiyorsun.Aldatılmış hissine kapılıyorsun.

Bakıyorsun hiç olmayacak gibi değil sevdiğin insanı başkası alıp gidiyor bu seferde sevgi yerini intikama,nefrete,öfkeye bırakıyor.Ancak gerçek sevgide asla kırmak,dökmek,nefret yoktur.

"Hiç bir karşılık beklemeden ,hiç bir ilgi görmeden uzaktan sevdik,hayal kurduk,masumdu,tek taraflıydı ve öyle kaldı..."

Fettah TANDOĞAN / Soğuk Bahar

SAPLANTI

Saplantılı aşk bir hastalık ve sorun. Peki, siz onu neden bu kadar çok seviyorsunuz? Yoksa siz de mi saplantılı bir aşkın kucağına düştünüz. Aşkınız saplantılı mı? Yoksa sağlıklı bir aşk mı yaşadığınızı düşünüyorsunuz?

Onu durmaksızın düşünüyor, deli gibi kıskanıyor, değil başkasıyla olması, bir başkasıyla konuşmasını bile istemiyorsunuz. Onu kendinizden bile kıskanıyorsunuz. İşte saplantılı sağlıksız delice bir aşkın belirtileridir.

Saplantı nedir? Aşkta saplantı nedir? Âşık olunan kişiye şiddet uygulama, o istemediği takdirle onunla konuşmaya görüşmeye zorlama, kaçırmak isteme, takip etme ve kıskanmak gibi belirtileri vardır. Takıntı sınırları aştığında tehlikeli sonuçlar da doğurabilir; âşık olunan kişiyi takip etme, şiddet uygulama, cinayet, kişinin intihar etmesi gibi.

Takıntılı aşkın en önemli tetikleyicisinin kişinin âşık olduğu kişi tarafından reddedilmesi olduğu düşünülmektedir. Fiziksel veya duygusal yönden reddedilen kişi devamlı kendini kabul ettirmek ve erişebilmek için çabalamaktadır. Takıntılı aşkın ortaya çıkmasında çeşitli sebepler olduğu düşünülmektedir.

Bunlardan en önemlisi, kişinin bebeklik çağında kendisine yeterince ilgi ve sevgi göstermeyen annesi (ya da ona bakan kişi) ile güvenli bir bağ oluşturamamasıdır.

Bunu oluşturamamış çocuklar anneleri yanlarından her ayrıldığında ağlamak, korkmak, yoğun endişeye kapılmak, bazen tam tersi anneden uzaklaşmak gibi sağlıklı olmayan davranışlar gösterirler.

Anne ya da çocuğa bakan kişi ile kurulamayan bu güvenli bağ kişinin gelecek romantik ilişkilerinde de aynı şekilde çaresizce bu ilgi ve sevgi arayışına girmesine neden olmakta ve uçlara gidilebilmektedir.

Yine aynı şekilde çocuklukta yaşanmış ve çocuğun derin bir değersizlik hissetmesine neden olan olaylar, travmalar da ileride takıntılı aşk oluşturmasına neden olmaktadır.

Ayrıca ailede madde bağımlılığı ya da alkolizm olmasının da takıntılı aşk için bir risk faktörü olduğu düşünülmektedir. Kişinin hayatına bir anlam katamamış olması, kendini tatmin etmeyen bir iş hayatı veya sosyal çevreye sahip olması ve bununla beraber gelen sıkıntı ve anlamsızlık hissi de takıntılı aşkın nedenlerinden biridir.

Ayrıca buna eşlik eden başarısızlık, düşük özgüven, kırılganlık ve zayıflık hissi kişide yoğun endişe oluşturmakta ve kişi bu endişeyi kafasında oluşturduğu aşka yönlendirerek; bu şekilde dışarı vurmaktadır.

Bununla birlikte kişi kafasında oluşturduğu takıntılı aşk ile var oluşuna bir anlam katmakta ve önemli bir boşluğu doldurduğunu düşünmektedir. Bu sebeple de aşk karşılıklı olmadığında yine de bunun peşinden umutsuzca gitmekte, kıskançlık krizlerine girmektedir.

Takıntılı aşk yaşayan kişilerde görülen bir başka özellik de kendilerini çevrelerinden daha özel ya da farklı görme eğiliminde olmalarıdır. Genelde fark edilen bir başka gösterge de takıntılı olarak âşık olunan kişinin ulaşılamaz ya da eşit olmayan seviyede özelliklere sahip olmasıdır; farklı bir sosyal kesimden olması, çok uzakta olması ya da platonik olması gibi.

Takıntılı âşıklarda genelde depresyon, davranış bozukluğu, bağımlı kişilik özellikleri, kaygı bozukluğu, takıntılı kişilik yapısı, bilişsel çarpıtmalar (olayları olduğundan farklı algılama, değerlendirme ve yorumlama eğilimi), takıntılı aşk ile tetiklenmiş psikiyatrik hastalıklar (örneğin şizofreni), madde bağımlılığı ve düşük hayat işlevselliği sıkça görülmektedir. Bu tür psikolojik problemlerle karşı karşıya kalan kişilerin, uzman desteği almaları gerekir."

Aşk tarifsizdi, siz ona tarif belirlediniz.
Tadı damaktaydı, siz dil ucuna getirdiniz.
Ve bir kaç kelimeyle anlaşıp, fes ettiniz.

Fettah Tandoğan / Soğuk Bahar

SÖZ LİMANIMIZ

"Gençler! Bir olun, diri olun, şayet birleştikçe bütün, bütünleştikçe var olursunuz ve hiç bir imkânsızlık sizi yok sayamaz..."

"Sen hakikati insanlara gösterirsin görürler ama yalnızca kalp gözü açık olanlar anlar..."

"Sabır teselli değil, lütuftur..."

"Zaman seni pişiren kazandır, yansan da yanmasan da zaman geçer tecrübe edinir, olgunlaşırsın..."

"Vicdan, tarifi olmayan inceliğin ve muazzamiyetin adıdır ve her insan da bulunmaz..."

"Pes etmeyi kabullenen kişi her daim sizi yolunuzdan alıkoyar, kendisini yarı yolda bıraktığı gibi..."

"Bizden saygı duruşu bekleyen varsa, ezanı beklesin..."

"Siz ölümü musallaya değil, toprağa sorun, Çünkü soğuk mermer değil toprak bilir içinde yatanı..."

"Şer olanı def eyle ki, hâyr olan sana nazar etsin..."

"Rahman bizleri, kusursuz, eksiksiz ve harikulade yaratmıştır ancak o yaratılış eserini koruyup kollayacak olanda, kirletip yerle yeksan edecek olan da bizleriz..."

"Sana karşı hata yapanı affet ve unut ancak başkalarına yaptığın hataları hiç bir zaman unutma, unutursan tekrarlamaktan kaçınmazsın..."

"Uykumuz ağır derdikte inanmazdım, baksanıza bir asırdır uyuyoruz halende kalkmak gibi bir niyetimiz yok."

"İyi günler istiyorsun, İyi ol..."

*"Her devrim bir Firavun'u ve her devrin bir Musa'sı vardır.
Bu günün Firavunları,
İnançsız fikirlerdir. Musa'ları ise, imanlı ve şuurlu
gençlerdir..."*

*"Tarih'i iyi oku, şayet sana yapılanları bilmezsen, tekrardan
aynı oyunlara düşersin. Asırlar geçse de düşmanlar da
oyunlar da hep aynıdır..."*
*"Acı çekmek, susamış insana kaynak su içirmek gibidir,
yakar kavurur..."*

*"Aşk ve sevgi nefes almaya benzer, kesildiğinde
yoksundur..."*

"Dilinle yaktığının hesabını, kalbinle ödersin..."

*"Kalbinizin dili olsa, okyanuslar gibi uçsuz bucaksız bir
kanaldan akar, ne biter ne kurur, ebediyen akar..."*

*"Sabrettikçe; olgunlaşır, yanarsın. Pişmek kolay değil, bedel
ister..."*

*"Sizin olmayan bir şeyi kıskanmayı bırakın. Şayet o sizinse
kıskanmanıza gerek yok. Sizin değilse, kıskanmanıza lüzum
yok..."*

FETTAH TANDOĞAN

*Kolay ve zor arasında tercih yapsaydım, Zor olanı
seçerdim. Çünkü bu hayatta, kolay olanlar beni hep yarı
yolda bıraktı...

* Hata yapmak insana tecrübe kazandırır. Aynı hatayı
bilerek yapmak insanı aptallaştırır.

*Düşünmeden harekete geçmek, geri dönüşü olmayan bir
yola girmektir.

DJK

* Ölüm, insanı başarmaya sevk eden büyük bir geri sayımdır. Sonunda ise, sonsuzluğa kurulmuş zaman üstü bir yapıdır.

* Hayal kurmayı bilmeyen adamın, aldığı diplomaların hiç bir hükmü yoktur.

* Susmak, yerine göre haykırmaktır. Bu haykırışı, kulak duymasa da, gönül görmezden gelemez.

* Herkes dünyayı değiştirmek ister. Şayet herkes kendini değiştirseydi, dünyayı değiştirmeye gerek kalmayacaktı...

*Mutlu olmak sizin elinizde. Sizi bir şey mutlu ya da mutsuz edemez. Siz istersiniz ve mutluluk kararınızı verirsiniz.

*Cesaret korkularınızın üzerine gitmektir. Ve asıl cesaret bu konuda ilk adımı atmaktır.

*Fikirlerinize, projelerinize imkânsız diyenler olacaktır. Başaramazsın, boşuna uğraşma diyenler...

Bu noktadan sonra imkânsızı başarmanın yanında bir göreviniz daha olacak. Size imkânsız diyenlere, bu fikrin ya da projenin imkânsız olmadığını kanıtlamak...

Muhammed Yasir YAMAN

GENÇLERDEN VE AİLELERDEN RİCAMIZ;

Kıymetli okurumuz. Kitabın son sayfalarında hem sizlere, hem de Ebeveynlerinize naçizane bir kaç kelamda bulunmak isteriz.

***Dünyayı değiştirmeden önce, kendinizi değiştirin! En büyük fetih, insanın nefsine karşı yaptığı, içindeki kötülükleri yok ettiği fetihtir.**

* Evlatlarınızı dinleyiniz. En doğru kararı siz veriyor olabilirsiniz. Ancak kendi ayakları üzerinde duramayan gençler, bu kısacık hayatta, sizden sonra yapayalnız kalacaklardır. Onlara "Sizsiz bir yaşamı" öğretin. Fakat bunu yaparken onları asla başıboş bırakmayın.

***Arkadaşınız sizin aynanızdır. Kötü bir arkadaş sizi başarısızlığa ve kötülüğe ortak edebilir. Aynı şekilde iyi ve temiz arkadaşta sizi başarılı olmaya, güzel ahlaklı olmaya teşvik edebilir.**

*Çocuğunuza güvenin. Ancak günümüz sosyal ve arkadaş çevresini iyi araştırın. Çocuğunuzu emanet ettiğiniz bu çevreyi asla ihmal etmeyin. Gerekiyorsa çocuğunuzun arkadaşlık yaptığı gençlerin Annesiyle ya da Babasıyla birer çay için, sohbet edin, karşılıklı güven bağları kurun.

***Sebebi ne olsa olsun, Anne ve Babanıza karşı gelmeyin. Çünkü cennet annelerin ayakları altındadır. Çünkü babanıza üf bile demeniz, ahretinizi yerle bir etmenize yeterde artar.**

*Çocuklarınızın kalbine, ALLAH sevgisi ve ALLAH korkusu yerleştirin.

Diyeceksiniz ki, sevgi ve korku zıt manalar taşımıyor mu ? Rabbimizin gazabından korkun, dolayısıyla merhametine sığının. Eğer bu fikri çocuklarınıza izah edebilirseniz, suç işleyeceği, kötülük yapacağı bir anda bu korku aklına gelir. Ve çocuğunuz her şeyden önce, ALLAH'IN rahmetine sığınır.

D5K

***Nasihatleri ve öğütleri hayatınızda, günlük yaşamınızda kullanın. Onlar birer cümleden ibaret değil, sizi değiştirmek ve harekete geçirmek için kullanılan birer mesir macunudur.**

*Çocuklarınızı okuldaki başarı durumuna göre değerlendirmeyin. Ahlaki, sosyal ve kültürel değerleri baz alarak daha geniş ve tarafsız bir bakış açıyla değerlendirmede bulunun.

FETTAH TANDOĞAN
MUHAMMED YASİR YAMAN

KAYNAKÇA

1. I. Dünya Savaşı'nda Osmanlı 4
2. sosyalbilimler.cu.edu.tr/thesis.asp?do=search&md=2
3. Tarihi Değiştiren Savaşlar
4. kuranmeali.org -internet sitesi
5. sbe.kmu.edu.tr - yüksek lisans tezleri
6. Tohum dergisi
7. diyanet.gov.tr
8. universityaffairs.ca/thesis-time-management.aspx -
9.stcloudstate.edu/hied/doctoral/documents/Time_Manag
ement_Tips.pdf
10. spr.sagepub.com
11. Erteleme ! Steve Chandler - kitabından
12. İnsan Yaşamına Dokunmak - kitabından
13. Kigem,Akademİzci, ahmet şerif izgören gibi şahıs ve
kurumların eserlerinden esinlenerek bir takım
değerlendirmeler ve konular ortaya koyulmuştur.
14. Çekim yasası - kitabından
15. Bilinçaltının Gücü- Joseph Murphy -kitabından
16. Marifetname -Erzurumlu İbrahim Hakkı -eserinden
17. acikarsiv.ankara.edu.tr/browse/3313/4168.pdf
18. sbe.erciyes.edu.tr/dergi/sayi_17/14_koc.pdf
19.tedu.edu.tr/Assets/Documents/Contact/.../CV_Figen_
CokTR.pdf

Kitaplar, tezler ve makalelerden esinlenerek Dirilişe
5 kala adlı kitabın iskeleti oluşturulmuştur. Bizler bu
iskelet üzerine şahsi bilgi ve tecrübelerimizi
aktararak bir bütünü tamamlayıp sizlere anlaşılır bir
dille aktarmaya çalıştık...

SORU-İSTEK-ÖNERİLERİNİZ
İÇİN
İLETİŞİM ADRESLERİMİZ

FETTAH TANDOĞAN:

FACEBOOK: facebook.com/fettaht
TWİTTER: @Fettah_Tandogan
MAİL: fettahtandogan2023@gmail.com
                   Fettah_2023@hotmail.com

MUHAMMED YASİR YAMAN

FACEBOOK: facebook.com/muhammedyasiryaman
TWİTTER: @Myasiryaman
MAİL: muhammedyasiryaman@gmail.com

Twitter üzerinden, daimi hashtag olarak belirlediğimiz etiketimize de görüş ve düşüncelerinizi yazabilirsiniz...

#Dirilişe5Kala